Christina Warming

Der Zusammenhang zwischen dem imaginierten und dem realen Intergruppenkontakt

Eine experimentelle Studie

Diplomica Verlag GmbH

Warming, Christina: Der Zusammenhang zwischen dem imaginierten und dem realen
Intergruppenkontakt: Eine experimentelle Studie. Hamburg, Diplomica Verlag GmbH
2013

Buch-ISBN: 978-3-8428-8847-0
PDF-eBook-ISBN: 978-3-8428-3847-5
Druck/Herstellung: Diplomica® Verlag GmbH, Hamburg, 2013

Bibliografische Information der Deutschen Nationalbibliothek:
Die Deutsche Nationalbibliothek verzeichnet diese Publikation in der Deutschen
Nationalbibliografie; detaillierte bibliografische Daten sind im Internet über
http://dnb.d-nb.de abrufbar.

Das Werk einschließlich aller seiner Teile ist urheberrechtlich geschützt. Jede Verwertung
außerhalb der Grenzen des Urheberrechtsgesetzes ist ohne Zustimmung des Verlages
unzulässig und strafbar. Dies gilt insbesondere für Vervielfältigungen, Übersetzungen,
Mikroverfilmungen und die Einspeicherung und Bearbeitung in elektronischen Systemen.

Die Wiedergabe von Gebrauchsnamen, Handelsnamen, Warenbezeichnungen usw. in
diesem Werk berechtigt auch ohne besondere Kennzeichnung nicht zu der Annahme,
dass solche Namen im Sinne der Warenzeichen- und Markenschutz-Gesetzgebung als frei
zu betrachten wären und daher von jedermann benutzt werden dürften.

Die Informationen in diesem Werk wurden mit Sorgfalt erarbeitet. Dennoch können
Fehler nicht vollständig ausgeschlossen werden und die Diplomica Verlag GmbH, die
Autoren oder Übersetzer übernehmen keine juristische Verantwortung oder irgendeine
Haftung für evtl. verbliebene fehlerhafte Angaben und deren Folgen.

Alle Rechte vorbehalten

© Diplomica Verlag GmbH
Hermannstal 119k, 22119 Hamburg
http://www.diplomica-verlag.de, Hamburg 2013
Printed in Germany

Kurzeinleitung

Imaginierter Intergruppenkontakt (IIK), die mentale Vorstellung eines Kontaktes mit einer Fremdgruppe, ist eine relativ neue Form zur Verbesserung von Intergruppeneinstellungen sowie zur Verringerung von Vorurteilen und Intergruppenängsten. Bisherige Studien zeigen, dass IIK die Kontaktintentionen und das Kontaktinteresse an der Fremdgruppe stärkt und sich auf das Verhalten im antizipierten Intergruppenkontakt positiv auswirkt. Diese Studie untersuchte als erste die Auswirkungen von IIK auf die Qualität realer Intergruppenkontakte (RIK). Dafür imaginierten Versuchspersonen (Vpn) zwei Kontaktszenarien, entweder mit einem Eigen- oder Fremdgruppenmitglied in neutraler oder positiver Qualität. Danach erfolgte ein RIK mit einer türkischen Konföderierten. Subjektive und objektive Daten wurden für die Bewertung von RIK analysiert. Die Ergebnisse sind nicht eindeutig; den stärksten Effekt auf RIK hatten vorhandene reale Kontakterfahrungen mit der Fremdgruppe. Für Vpn mit geringen Kontakterfahrungen hatte IIK eher negative Effekte. Tendenziell zeigte IIK in positiver Qualität positive Auswirkungen auf RIK. Die Kontakterfahrungen der Vpn könnten eine Erklärung der uneindeutigen Effekte von IIK auf RIK sein.

Inhaltsverzeichnis

Tabellenverzeichnis   III

Abbildungsverzeichnis   V

1. Einleitung 1
   1.2. Realer Intergruppenkontakt 4
      1.2.1. Selbstoffenbarung 7
      1.2.2. Begründung für Indirekte Kontakte 9
   1.3. Indirekte Intergruppenkontakte 10
      1.3.1. Erweiterter Kontakt 10
      1.3.2. Stellvertretender Kontakt 11
   1.4. Imaginierter Intergruppenkontakt 12
      1.4.1. Auswirkungen auf das Verhalten 17
      1.4.2. Fragestellung und Ziel der Untersuchung 18
2. Hypothesen 19
3. Methode 21
   3.1. Untersuchungsdesign 21
   3.2. Intergruppenkontext 22
   3.3. Untersuchungsablauf und Versuchsmaterialien 22
      3.3.1. Phase 1: Imaginierter Intergruppenkontakt 23
      3.3.2. Phase 2: Realer Intergruppenkontakt 24
   3.4. Vortest 27
      3.4.1. Methode 27
      3.4.2. Ergebnis 29
      3.4.3. Schlussfolgerung 31
   3.5. Unabhängige Variablen 31
      3.5.1. Manipulationscheck 33
   3.6. Abhängige Variablen und Kontrollvariablen 33
      3.6.1. Abhängige Variablen 33
      3.6.2. Moderatorvariable 37
   3.7. Stichprobe 38
   3.8. Statistische Analysen 38

4. Ergebnis 39
   4.1. Deskriptive Statistiken 39
      4.1.1. Manipulationscheck 39
      4.1.2. Nach IIK 41
      4.1.3. Nach IIK und RIK 42
   4.2. Kontakterfahrung 44
   4.3. Prüfung der Hypothesen 44
      4.3.1. Kontaktintention nach IIK 46
      4.3.2. Kontaktinteresse nach IIK 47
      4.3.3. Subjektive Kontaktqualität der Vpn 49
      4.3.4. Subjektive Kontaktqualität der Konföderierten 50
      4.3.5. Beurteilung der Konföderierten 52
      4.3.6. Beurteilung der Vpn 53
      4.3.7. Selbstoffenbarung der Vpn 55
      4.3.8. Anzahl Fragen der Versuchsperson 57
      4.3.9. Qualität des RIK 59
5. Diskussion 63
   5.1. Auswirkungen von IIK auf Kontaktintention und -interesse 65
   5.2. Auswirkungen von IIK auf RIK 66
   5.3. Limitationen und Implikationen 69
6. Schlussfolgerung 74
7. Literaturverzeichnis 75
8. Material 86

Tabellenverzeichnis

Tabelle 1	Mittelwerte und Standardabweichungen der nach aufsteigender Intimität bewerteten Fragen	29
Tabelle 2	Manipulationscheck: Mittelwerte und Standardabweichungen der AVn	41
Tabelle 3	Mittelwerte und Standardabweichungen der AVn nach IIK	42
Tabelle 4	Mittelwerte und Standardabweichungen der AVn nach IIK und RIK	43
Tabelle 5	Hierarchisch moderierte Regressionsanalyse zur Vorhersage der Kontaktintentionen nach IIK durch die Bedingungen und die Kontakterfahrung	47
Tabelle 6	Hierarchisch moderierte Regressionsanalyse zur Vorhersage des Kontaktinteresses nach der Imagination durch die Bedingungen und die Kontakterfahrung	48
Tabelle 7	Hierarchisch moderierte Regressionsanalyse zur Vorhersage der subjektiven Kontaktqualität der Vpn durch die Bedingungen und die Kontakterfahrung	50
Tabelle 8	Hierarchisch moderierte Regressionsanalyse zur Vorhersage der subjektiven Kontaktqualität der Konföderierten durch die Bedingungen und die Kontakterfahrung	51
Tabelle 9	Hierarchisch moderierte Regressionsanalyse zur Vorhersage der Beurteilung der Konföderierten durch die Bedingungen und die Kontakterfahrung	53
Tabelle 10	Hierarchisch moderierte Regressionsanalyse zur Vorhersage der Beurteilung der Vpn durch die Bedingungen und die Kontakterfahrung	55
Tabelle 11	Hierarchisch moderierte Regressionsanalyse zur Vorhersage der Selbstoffenbarung der Vpn durch die Bedingungen und die Kontakterfahrung	56

Tabelle 12 Hierarchisch moderierte Regressionsanalyse zur Vorhersage der Anzahl der

gestellten Fragen der Vpn durch die Bedingungen und die Kontakterfahrung   58

Tabelle 13 Hierarchisch moderierte Regressionsanalyse zur Vorhersage der Qualität des

RIK durch die Bedingungen und die Kontakterfahrung   61

Abbildungsverzeichnis

Abbildung 1. Interaktionsdiagramm von Gruppe und Qualität auf die gestellten Fragen der Versuchsperson   59

Abbildung 2. Simpel-Slopes für die Qualität des RIK, vorhergesagt durch die Imagination der Eigen- und Fremdgruppe bei hoher Kontakterfahrung (+1 SD) und geringer Kontakterfahrung (-1 SD)   62

Abbildung 3. Simpel-Slopes für die Qualität des RIK, vorhergesagt durch die Imagination der Eigen- und Fremdgruppe in positiver und neutraler Qualität bei hoher Kontakterfahrung (+1 SD) und geringer Kontakterfahrung (-1 SD) IK = imaginierter Kontakt   63

1. Einleitung

Nahezu jeder Mensch gehört einer Gruppe an, beispielsweise aufgrund seiner Staatsbürgerschaft, ethnischen Zugehörigkeit oder Religion. Ein allgegenwärtiges Phänomen sind Intergruppenkonflikte. Generell besteht bei Menschen die Tendenz, die Eigengruppe zu bevorzugen und die Mitglieder von Fremdgruppen abzuwerten. Eine solche Eigengruppenfavorisierung ist selbst dann zu finden, wenn keine negativen Einstellungen gegenüber der Fremdgruppe bestehen und die Zuteilung zur Eigen- und Fremdgruppe willkürlich erfolgt (Tajfel, Billig, Bundy, & Flament, 1971). Zur Entstehung von Intergruppenkonflikten können Stereotype und Vorurteile gegenüber der Fremdgruppe beitragen. *Stereotype* sind sozial geteilte kognitive Überzeugungen über bestimmte Eigenschaften der Fremdgruppe, wie z.B. Ansichten über das Äußere der Gruppenmitglieder, ihre Verhaltensweisen oder Einstellungen (Aronson, Wilson & Akert, 2008). *Vorurteile* werden als „feindselige oder negative Einstellung gegenüber den Mitgliedern einer bestimmten Gruppe, und zwar allein aufgrund deren Zugehörigkeit zu dieser Gruppe" definiert (Aronson, et al., 2008, S. 460). Dadurch wird deutlich, dass Vorurteile weitestgehend ungerechtfertigt gegenüber einzelnen Mitgliedern sind. Durch soziale Kategorisierung und soziales Lernen können Vorurteile immer wieder neu entstehen. Wird aufgrund der Vorurteile ein aktives Verhalten gegenüber der Fremdgruppe entwickelt, entstehen *Diskriminierungen*, „ungerechtfertigte negative oder schädliche Verhaltensweisen…nur wegen der Zugehörigkeit zu dieser Gruppe" (Aronson et al., 2008, S. 460). Diskriminierungen können sogar durch Ereignisse, die durch die Weltpresse gehen, aktiviert werden. Nach dem 11. September 2001 stieg in Großbritannien die indirekte Diskriminierung von Muslimen um 82.6% an, die offene Diskriminierung um 76.3% (Sheridan, 2006).

Für den Einzelnen und für die Gesellschaft können Vorurteile schwerwiegende Konsequenzen haben. Unter Weißen bestehen bis heute subtile und unbewusste Vorurteile gegenüber Schwarzen, die zu Misstrauen und Benachteiligung führen, z.B. bei beruflichen Auswahlentscheidungen (Dovidio, Gaertner, Kawakami & Hodson, 2002). Auf die volkswirtschaftliche Entwicklung einer Gesellschaft können sich Diskriminierungen negativ auswirken, da Potentiale ganzer Gruppen möglicherweise nicht genutzt werden (Woellert, Kröhnert, Sippel & Klingholz, 2009). Bis heute bestehen Intergruppenkonflikte zwischen Ländern, wie der Nahostkonflikt zwischen Israelis und Palästinensern sowie der Zypernkonflikt zwischen griechischen und türkischen Zyprioten.

Seit langem gilt der *reale Intergruppenkontakt* als die effektivste Strategie zur Verbesserung von Intergruppenbeziehungen und zur Reduktion von Vorurteilen (Pettigrew & Tropp, 2006). Insbesondere zeigen positive Intergruppenkontakte positive Auswirkungen auf Vorurteile und Intergruppenbeziehungen (Pettigrew & Tropp, 2006). Die *Qualität* des Intergruppenkontakts spielt somit eine bedeutsame Rolle bei der Reduktion von Vorurteilen.

In der Praxis sind Intergruppenkontakte in hoher Qualität häufig nur schwer zu realisieren. Insbesondere bei Intergruppenkonflikten vermeiden die Mitglieder der Gruppen häufig den Kontakt aufgrund von Vorurteilen oder Intergruppenängsten. Selbst ohne bestehende Intergruppenkonflikte leben Mitglieder verschiedener Gruppen freiwillig segregiert und vermeiden alltägliche Intergruppenkontakte (Clack, Dixon & Tredoux, 2005). Selbst wenn Gruppen gerne miteinander in Kontakt treten würden, vermeiden sie dieses in dem Glauben, dass die Fremdgruppe keinen Kontakt zu ihnen möchte (Shelton & Richeson, 2005). Allein aufgrund von gesellschaftlicher Segregation kann keine Möglichkeit bestehen, Kontakterfahrungen mit einer bestimmten Fremdgruppe zu sammeln (Wagner, van Dick, Pettigrew & Christ, 2003). Sogar innerhalb einer Gemeinde können die

Möglichkeiten der Kontaktaufnahme begrenzt sein, da Gruppen in unterschiedlichen Wohngebieten leben oder verschiedene Bildungsinstitutionen besuchen. Bedingt durch das Leben in entfernten Ländern und bestehende Ländergrenzen können einige Intergruppenkontakte nicht hergestellt werden. Diese Hindernisse beschränken die Möglichkeiten, reale Intergruppenkontakte aufzunehmen.

Da Intergruppenkonflikte ein allgegenwärtiges Problem sind und immer wieder neu entstehen, sind die Forschungsarbeiten zum Intergruppenkontakt in den letzten Jahrzehnten stark angestiegen (Pettigrew, Tropp, Wagner & Christ, 2011). Unlängst wurde die praktische Anwendbarkeit von realen Intergruppenkontakten nach gewalttätigen Unruhen in Großbritannien kritisch diskutiert (Dixon, Durrheim & Tredoux, 2005). Bemängelt wurde, dass reale Intergruppenkontakte aufgrund rassistischer Segregation in der Realität nicht durchzuführen wären. Da diese Hindernisse für Intergruppenkontakte weiter bestehen, bleibt bis heute die Frage aktuell, wie Vorurteile gegenüber Fremdgruppen verringert werden können (Pettigrew et al., 2011).

In der Forschung wurden vermehrt *Indirekte Intergruppenkontakte* entwickelt, d.h. Kontakte, die das reale Aufsuchen der Fremdgruppe nicht erfordern. Indirekte Intergruppenkontakte können ähnlich wie reale Intergruppenkontakte die Einstellungen gegenüber der Fremdgruppe positiv beeinflussen (Dovidio, Eller & Hewstone, 2011). Der imaginierte Intergruppenkontakt (IIK) ist die neuste indirekte Kontaktform, bei der ein realer Intergruppenkontakt (RIK) nicht erforderlich ist. IIK beinhaltet die *Imagination* eines realen Kontakts, sodass der Intergruppenkontakt allein in der Vorstellung stattfindet. Diese Kontaktform verringert Vorurteile und verbessert Emotionen gegenüber einer Fremdgruppe (Turner & Crisp, 2010; Turner, Crisp & Lambert, 2007; Turner & West, 2011), reduziert Intergruppenangst (Husnu & Crisp 2010a, Turner, Crisp & Lambert, 2007; West et al., 2011) und verstärkt die Kontaktintentionen sowie das Kontaktinteresse an der Fremdgruppe

(Crisp & Husnu, 2011; Husnu & Crisp, 2010a, 2010b, 2011). Aufgrund der positiven Forschungsergebnisse von IIK ist anzunehmen, dass nachfolgender RIK in positiver Qualität verläuft.

Es wird vielfach abgeleitet, dass IIK zur Förderung positiver Intergruppenbeziehungen eingesetzt werden kann, wenn keine realen Kontaktmöglichkeiten gegeben sind (Crisp & Turner, 2009; Crisp, Husnu, Meleady, Stathi & Turner, 2010; Turner, Crisp et al., 2007). IIK kann als Methode zur Herstellung positiver Intergruppenkontakte eingesetzt werden und reale Intergruppenkontakte erleichtern. Angenommen wird, dass IIK positive Auswirkungen auf das Verhalten im RIK zeigt (Turner & West, 2011) und die Wahrscheinlichkeit für nachfolgenden positiven Intergruppenkontakt erhöht (Crisp & Turner, 2009). Demnach könnte IIK bei Interventionen als erste Kontaktform auf einem Kontinuum von Kontakten eingesetzt werden, zur Vorbereitung auf einen positiven RIK (Crisp & Turner, 2009).

Bis zum heutigen Forschungsstand wurde nicht untersucht, ob sich IIK positiv auf RIK auswirkt. Empfohlen wird, nach IIK das verbale und nonverbale Verhalten während RIK zu untersuchen (Turner & West, 2011); die vorliegende Studie widmet sich dieser Untersuchung. Damit schließt diese Studie direkt an den bisherigen Forschungsstand an. Insbesondere wird untersucht, ob IIK positive Auswirkungen auf die Qualität realer Intergruppenkontakte zeigt und somit Intergruppenkontakte erleichtert. Positive Ergebnisse dieser Studie könnten zu der Verbesserung von Intergruppenbeziehungen beitragen.

1.2. Realer Intergruppenkontakt

Seit langem gilt RIK als die effektivste Strategie zur Verbesserung von Intergruppenbeziehungen und zur Reduktion von Vorurteilen und Konflikten. Sammeln Menschen Kontakterfahrungen mit einer Fremdgruppe, ist es wahrscheinlich, dass wenige

Vorurteile bestehen (Pettigrew et al., 2011). Gordon Allport (1954) entwickelte die wohl einflussreichste Theorie zum Intergruppenkontakt, die *Kontakthypothese*. Sie beschreibt die Bedingungen realen Intergruppenkontakts, die erfüllt sein sollten, um Vorurteile und Diskriminierungen zwischen Fremdgruppenmitgliedern abzubauen. Diese Bedingungen beinhalten, dass während RIK die Fremdgruppenmitglieder den gleichen Status aufweisen, gemeinsame Ziele verfolgen, miteinander kooperieren und die Unterstützung durch Autoritäten, Gesetze oder Normen gegeben ist (Allport, 1954). Die Erfüllung dieser optimalen Bedingungen führt laut Allport (1954) zu einem Abbau von Vorurteilen und Feindseligkeit gegenüber der Fremdgruppe.

RIK reduziert Vorurteile insbesondere unter der Erfüllung von Allports Kontaktbedingungen (Allport, 1954), dieses ist empirisch gut belegt (Pettigrew & Tropp, 2006; Pettigrew et al., 2011). Zudem kann RIK Bedrohungen durch Stereotype verringern (Abrams et al., 2008). Pettigrew und Tropp (2006) zeigen in einer Metaanalyse von 515 Studien mit 713 unabhängigen Stichproben aus 38 Nationen, dass RIK Vorurteile gegenüber einer Fremdgruppe reduziert. In 94% der Studien bestand eine negative Beziehung zwischen RIK und Vorurteilen. Je strenger das methodische Vorgehen der Studien und je höher die Qualität des RIK war, desto geringer waren die Vorurteile. Die positiven Effekte von RIK wurden anhand unterschiedlicher Kulturen und Nationalitäten bestätigt und bei verschiedenen Gruppen nachgewiesen, z.B. Homosexuellen, älteren Personen oder psychisch Erkrankten. Zudem zeigen die positiven Effekte von RIK eine Generalisierung über die gesamte Fremdgruppe hinweg. Pettigrew und Tropp (2006) stellen fest, dass Intergruppenkontakt selbst dann zu einer Reduktion von Vorurteilen führt, wenn Allports Bedingungen realen Intergruppenkontakts (Allport, 1954) nicht erfüllt sind. Sie schlussfolgern hieraus, dass Allports Kontaktbedingungen (Allport, 1954) optimal für den Abbau von Vorurteilen sind, aber nicht unbedingt notwendig, um Vorurteile zu reduzieren.

Somit können Kontakterfahrungen im Allgemeinen zur Förderung harmonischer Intergruppenbeziehungen beitragen.

Die Untersuchungen der Wirkmechanismen des realen Intergruppenkontakts zeigen, dass die Aktivierung von Affekten im Intergruppenkontakt besonders bedeutsam ist. Eine Metaanalyse von Pettigrew und Tropp (2008) zeigt, dass die *Empathieerhöhung* und die *Angstreduktion* die einflussreichsten Mediatoren bei der Reduktion von Vorurteilen darstellen. Es ist bedeutender, eine affektive Bindung zu einem Fremdgruppenmitglied einzugehen als kognitive Erfahrungen zu machen und beispielsweise vermehrtes Wissen über die Fremdgruppe zu erlangen.

Intergruppenfreundschaften beinhalten affektive Bindungen und sind die wohl effektivste Form von Intergruppenkontakten. Pettigrew (1997) sah das *Freundschaftspotential* eines Intergruppenkontakts als eine wichtige Bedingung zur Reduktion von Vorurteilen an. Ein Intergruppenkontakt sollte so gestaltet sein, dass zwischen den Fremdgruppenmitgliedern eine Freundschaft entstehen kann. Pettigrew (1998) erweiterte Allports Kontakthypothese (Allport, 1954) um den Faktor Freundschaftspotential. Einer breite Stichprobe von über 3800 befragten Personen aus Frankreich, Großbritannien, Niederlanden und Deutschland zeigte, dass Intergruppenfreundschaften mit geringeren Vorurteilen einhergehen (Pettigrew, 1997). Zahlreiche Studien bestätigen, dass Intergruppenfreundschaften die Einstellungen gegenüber der Fremdgruppe verbessern und Vorurteile reduzieren (Pettigrew, 1997; Pettigrew & Tropp, 2006; Turner, Hewstone & Voci, 2007). Intergruppenfreundschaften beeinflussen explizite und implizite Einstellungen gegenüber der Fremdgruppe (Turner, Hewstone & Voci, 2007) und erhöhen die Wahrnehmung der Fremdgruppenvariabliltät, die Gruppe wird weniger einseitig wahrgenommen (Paolini et al., 2004).

Intergruppenängste oder Vorurteile gegenüber einer bestimmten Fremdgruppe können im Intergruppenkontakt sichtbar werden. Ein Zeichen für Intergruppenangst kann die Vermeidung von Augenkontakt sein. Menschen, die lieber einen bestimmten Fremdgruppenkontakt vermeiden, neigen dazu, weniger Augenkontakt mit dem Fremdgruppenmitglied zu suchen als jene, die gerne in solch einem Kontakt stehen (Ickes, 1984). Zudem empfinden diejenigen, die lieber den Fremdgruppenkontakt vermeiden, mehr Ängste und auch vermehrte Sorgen im Intergruppenkontakt, und diese Ängste können sich auf ihren Interaktionspartner auswirken (Ickes, 1984). Wichtig ist, Intergruppenängste abzubauen, bevor RIK entsteht, da eine positive Qualität während RIK Vorurteile reduzieren kann.

RIK ist in der Forschung und Praxis erfolgreich anwendbar, solange Fremdgruppen für die Kontaktherstellung verfügbar sind. Werden die von Allport (1954) geforderten Bedingungen geschaffen, ist der Abbau von Vorurteilen sehr wahrscheinlich. Kontakterfahrungen in freundschaftlicher Natur sind sehr förderlich, um positive Intergruppenbeziehungen zu schaffen.

Geringe Kontakterfahrungen mit der Fremdgruppe können zu Vorurteilen gegenüber der Fremdgruppe führen (McGlothlin & Killen, 2010) und zu Missverständnissen im Intergruppenkontakt (Vorauer & Sakamoto, 2006). Demzufolge sind besonders bei Personen mit geringen Kontakterfahrungen Interventionen zur Verringerung von Vorurteilen notwendig.

1.2.1. Selbstoffenbarung

Selbstoffenbarung ist ein Prozess, in dem Menschen ihre innersten Gefühle und Erfahrungen ihrem Interaktionspartner offenbaren (Manstead & Hewstone, 1995) und ihre intimen Gedanken oder privaten Lebenserfahrungen mitteilen. Den stärksten positiven

Einfluss auf die Einstellung zur Fremdgruppe hat die Selbstoffenbarung zu einem befreundeten Fremdgruppenmitglied, neben der gemeinsam verbrachten Zeit (Davies, Tropp, Aron, Pettigrew & Wright, 2011). Bei Intergruppenfreundschaften mediiert Selbstoffenbarung die Einstellungen gegenüber der Fremdgruppe (Turner, Hewstone, et al., 2007). Eine Intergruppenfreundschaft wirkt sich positiv auf Selbstoffenbarung aus, und diese zeigt positive Effekte auf die Einstellungen zur der Fremdgruppe.

Selbstoffenbarung ist zumeist ein reziproker Prozess. Während RIK wurde gezeigt, dass die Selbstoffenbarung eines weißen Interviewers zu mehr Selbstoffenbarung des schwarzen Befragten führte (Berg & Wright-Buckley, 1988). In einer longitudinalen Studie zu Intergruppenbeziehungen stellten Turner und Feddes (2011) fest, dass reziproke Selbstoffenbarung die Einstellungen gegenüber der Fremdgruppe positiv vorhersagt. Ist die Typikalität eines Fremdgruppenmitglieds gegeben, reduziert Selbstoffenbarung während eines kooperativen Intergruppenkontakts Vorurteile gegenüber der Fremdgruppe (Ensari & Miller, 2002). Diese reduzierten Vorurteile können gegenüber der gesamten Fremdgruppe generalisieren.

Des Weiteren kann Selbstoffenbarung im RIK darauf hinweisen, dass das Fremdgruppenmitglied von seinem Gegenüber gemocht wird. Schwarze Befragte gaben vermehrte Sympathien gegenüber einem weißen Interviewer an, wenn dieser Selbstoffenbarung zeigte (Berg & Wright-Buckley, 1988). Allgemein zeigen Menschen vermehrt Selbstoffenbarung, wenn ihnen ihr Gegenüber sympathisch ist (Collins & Miller, 1994).

Selbstoffenbarung während RIK kann positive Auswirkungen auf die Wahrnehmung des Fremdgruppenmitglieds haben. Menschen neigen dazu, denjenigen zu mögen, dem sie sich offenbart haben (Collins & Miller, 1994). Es werden Menschen, die Selbstoffenbarung zeigen, mehr gemocht als solche, die sich weniger öffnen (Collins &

Miller, 1994). Bereits ein Gespräch mit Selbstoffenbarung kann zu positiven Affekten führen (Vittengl & Holt, 2000).

Entsteht während RIK Selbstoffenbarung, kann dieses auf ein vorhandenes Freundschaftspotential des Kontakts hinweisen. Selbstoffenbarung ist für die Entwicklung und Aufrechterhaltung von zwischenmenschlichen Beziehungen wichtig (Chaikin & Derlega, 1976) und der kürzeste Weg, in Beziehungen Intimität herzustellen (Fehr, 2004). Der positive Zusammenhang zwischen Selbstoffenbarung und den Einstellungen zur Fremdgruppe wird durch Vertrauen zur Fremdgruppe, Empathie im Intergruppenkontakt und persönlichen Wert des Fremdgruppenkontakts mediiert (Turner, Hewstone, et al., 2007). Demzufolge kann Selbstoffenbarung während RIK Intimität und Vertrauen im Kontakt reflektieren.

1.2.2. Begründung für Indirekte Kontakte

Die zahlreichen positiven Forschungsergebnisse zu RIK lassen die Schlussfolgerung zu, dass RIK erfolgreich einsetzbar ist, um Vorurteile zu reduzieren und Toleranz zwischen Fremdgruppen zu fördern. Allports (1954) Bedingungen im RIK bieten klare Strukturen, bei deren Einhaltung die Reduktion von Vorurteilen sehr wahrscheinlich ist. Der Erfolg des RIK ist anhand verschiedener Gruppen in verschiedenen Situationen bewiesen (Pettigrew & Tropp, 2006), sogar alltägliche Kontakte sind dazu geeignet, Vorurteile zu reduzieren. Förderliche Faktoren scheinen das Freundschaftspotential, die Kooperation und die Selbstoffenbarung zu sein.

Bei allen positiven Auswirkungen des RIK gilt es zu berücksichtigen, dass immer ein Fremdgruppenkontakt hergestellt werden muss. Stets setzt die Erfüllung von Allport (1954) die Bedingung voraus, dass Fremdgruppen real miteinander in Kontakt treten. RIK kann jedoch unter Umständen schwer oder gar nicht zu realisieren sein. Insbesondere bei

Intergruppenkonflikten wird ein Kontakt zumeist gemieden oder ist bei starker Segregation nicht möglich. In diesen Fällen wäre RIK besonders intendiert. Die Limitationen in der Anwendbarkeit von RIK werden bereits diskutiert (Dixon et al., 2005). Seit einiger Zeit werden in der Forschung *Indirekte Intergruppenkontakte* untersucht, die keine realen Intergruppenkontakte beinhalten, um Intergruppenbeziehungen zu verbessern.

1.3. Indirekte Intergruppenkontakte

Indirekter Kontakt kann, ähnlich wie RIK, positive Auswirkungen auf die Einstellungen gegenüber der Fremdgruppe bewirken. Der Vorteil indirekter Intergruppenkontakte ist, dass kein direkter Intergruppenkontakt hergestellt werden muss. Sie sind insbesondere dann praktisch einsetzbar, wenn keine Möglichkeit für die Herstellung von RIK besteht. Trotz dieses Vorteils der praktischen Anwendbarkeit gibt es in der Forschung bisher wenige Studien zu indirekten Intergruppenkontakten (Dovidio et al., 2011). Evaluierte Interventionen nutzen bereits Formen von Indirekten Intergruppenkontakten zur Verbesserung von Einstellungen gegenüber Fremdgruppen (Cameron, Rutland & Brown, 2007; Cameron, Rutland, Douch & Brown, 2006). Im Folgenden werden die am häufigsten untersuchten Formen indirekten Intergruppenkontakts näher beschrieben: Der stellvertretende Kontakt (SK), der erweiterte Kontakt (EK) und der imaginierte Intergruppenkontakt (IIK).

1.3.1. Erweiterter Kontakt

Als EK wird das Wissen darüber bezeichnet, dass ein Eigengruppenmitglied in positivem Kontakt zu einem Fremdgruppenmitglied steht (Wright, Aron, McLaughlin-Volpe & Ropp, 1997). EK kann negative Einstellungen gegenüber der Fremdgruppe verbessern und Vorurteile gegenüber der Fremdgruppe verringern (Wright et al., 1997).

Eine kurze Beschreibung von EK lautet: „the friend of my friend is my friend" (Pettigrew et al., 2011, S. 277). Für EK ist es von Bedeutung, *wer* aus der Eigengruppe mit dem Fremdgruppenmitglied befreundet ist. Förderlich ist, wenn zu dem Eigengruppenmitglied eine enge Beziehung besteht, z.B. es ein Freund oder Familienmitglied ist (Tausch, Hewstone, Schmid, Hughes & Cairns, 2011). Personen, die von EK berichten, schreiben der Fremdgruppe mehr Variabilität zu (Paolini, et al., 2004). Die positiven Auswirkungen von EK wurden anhand verschiedenster Fremdgruppen und auf unterschiedlichen Variablen gezeigt (Paolini et al., 2004; Wright et al., 1997).

Bei Intergruppenkonflikten kann EK zu verbesserten Einstellungen zur Fremdgruppe führen. Wright et al. (1997) stellten in einer Laborstudie Intergruppenkonflikte in Anlehnung an die Robbers Cave Studien her; danach brachten sie rivalisierende Versuchspersonen (Vpn) in positiven Intergruppenkontakt. Diese Vpn berichteten ihrer Eigengruppe von den positiven Erfahrungen. Dieser EK verringerte die negativen Einstellungen zu der Fremdgruppe und die Eigengruppenfavorisierung.

EK ist ein mögliches Einsatzmittel zur Reduktion von Vorurteilen, wenn die Möglichkeiten für RIK nicht bestehen. Dennoch setzt EK ein gewisses Maß an direktem Kontakt voraus, der jedoch bei einigen Fremdgruppen nicht möglich ist, insbesondere bei starker Segregation von Gruppen oder aufgrund regionaler Gegebenheiten. Welche Möglichkeiten bestehen jedoch, wenn solche realen Intergruppenkontakte in dem sozialen Netzwerk einer Person nicht vorzufinden sind? Eine Lösung wäre eine indirekte Kontaktform, die keinen realen Intergruppenkontakt erfordert.

1.3.2. Stellvertretender Kontakt

Unter stellvertretendem Kontakt (SK) wird die Beobachtung eines erfolgreichen Kontakts zwischen einem Eigen- und einem Fremdgruppenmitglied verstanden (Mazziotta,

Mummendey & Wright, 2011). Während SK ist der Beobachtende nicht in den realen Intergruppenkontakt involviert, und er muss kein Eigengruppenmitglied kennen, das mit einem Fremdgruppenmitglied befreundet ist. Es hat sich gezeigt, dass die Fremdgruppe positiver bewertet wird, wenn die beobachtete Interaktion freundschaftlich ist, im Vergleich zu einem feindlichen oder fremden Kontakt (Wright et al., 1997). Schon Bandura (1986, 1997) stellte mit der sozial-kognitiven Lerntheorie fest, dass allein durch die Beobachtung einer anderen Person neue kognitive Fertigkeiten und Verhaltensmuster erworben werden können.

Erste Studien haben gezeigt, dass SK die Einstellungen gegenüber der Fremdgruppe verbessert und die Kontaktbereitschaft mit der Fremdgruppe erhöht (Mazziotta et al., 2011). Um Vorurteile gegenüber einer Fremdgruppe zu verringern, kann es sogar genügen, ein Fernsehprogramm zu sehen, in dem ein positiver Intergruppenkontakt dargestellt wird (Schiappa, Gregg & Hewes, 2005).

Ähnlich wie bei EK ist der Vorteil von SK, dass die positiven Effekte eines RIK auch dann zu verwirklichen sind, wenn kein RIK hergestellt werden kann. Ein weiteres Paradigma zu Indirektem Kontakt, das im Zentrum der vorliegenden Arbeit steht, ist der Imaginierte Intergruppenkontakt (IIK), der im folgenden Kapitel dargestellt wird.

1.4. Imaginierter Intergruppenkontakt

Imaginierter Intergruppenkontakt (IIK) wird als die mentale Simulation einer sozialen Interaktion mit einem oder mehreren Mitgliedern einer Fremdgruppe definiert (Crisp & Turner, 2009). Für IIK werden Personen instruiert, sich ein ihnen vorgegebenes Intergruppenkontaktszenario für einige Minuten vorzustellen. Bereits ein IIK von 1-2 Minuten genügt, um positive Effekte auf die Kontaktintentionen, die Einstellungen gegenüber der Fremdgruppe und das nonverbale Verhalten zu erzielen (Husnu & Crisp,

2010a, 2010b; Turner, Crisp et al., 2007; Turner & West, 2011). Die am häufigsten verwendeten Kontaktszenarien beinhalten ein Gespräch mit dem Fremdgruppenmitglied (Crisp et al., 2010). Besonders wichtig ist die positive Qualität von IIK. Eine positive Qualität während IIK bewirkt positive Einstellungen zur Fremdgruppe und geringere Intergruppenängste, dahingegen hat ein neutrales, nicht explizit positiv beschriebenes Kontaktszenario keine positiven Auswirkungen (West, Holmes & Hewstone, 2011). Zwei Elemente sind für den Erfolg von IIK wesentlich: Zum einen sollen die Personen Intergruppeninteraktionen *positiv* imaginieren und zum anderen *aktiv* imaginieren (Crisp & Turner, 2009). Die positive Imagination erfolgt durch ein positiv formuliertes Kontaktszenario, z.B. eine Unterhaltung, in der interessante und positive Dinge über das Fremdgruppenmitglied erfahren werden (Stathi & Crisp, 2008). Eine aktive Imagination wird durch ein elaboriertes Kontaktszenario erleichtert. Ein elaboriertes Kontaktszenario beinhaltet eine detailliert beschriebene Kontaktsituation, beispielsweise eine Unterhaltung mit einem Fremdgruppenmitglied mit der konkreten Angabe, wo und wann der Intergruppenkontakt stattfindet (Husnu & Crisp, 2010a).

Zahlreiche Studien belegen die positiven Auswirkungen von IIK. Ein positiver IIK in hoher Qualität reduziert erfolgreich Vorurteile (West et al., 2011) und Intergruppenängste (Turner, Crisp, et al., 2007; West et al., 2011). IIK verbessert explizite Einstellungen gegenüber der Fremdgruppe (Turner, Crisp, et al., 2007) und auch implizite Einstellungen (Turner & Crisp, 2010). Zudem stärkt IIK die Kontaktintentionen; nach IIK gaben die Imaginierenden an, in Zukunft vermehrt in Kontakt mit der Fremdgruppe treten zu wollen (Crisp & Husnu, 2011; Husnu, & Crisp, 2010a, 2010b, 2011). IIK bewirkt positive Emotionen und Überzeugungen gegenüber der Fremdgruppe (Turner & West, 2011) und verringert Intergruppenängste und Bedrohungen durch Stereotype erfolgreich (Abrams et al., 2008; Husnu & Crisp, 2010a; Turner, Crisp et al., 2007; West et al., 2011).

Nach IIK werden positive Eigenschaften auf die Fremdgruppe projiziert (Stathi & Crisp, 2008). Die Fremdgruppe wird nach IIK als heterogener wahrgenommen, es besteht weniger Eigengruppenfavorisierung (Turner, Crisp, et al., 2007). Ein positiver IIK kann zu verstärkter Selbstwirksamkeit in Bezug auf zukünftige reale Kontakte führen und die Zuversicht erhöhen, von dem Fremdgruppenmitglied verstanden zu werden (Stathi, Crisp & Hogg, 2011). IIK ist bei verschiedenen Fremdgruppen erfolgreich anwendbar. Die positiven Effekte von IIK konnten anhand verschiedenster Fremdgruppen festgestellt werden: An Muslimen, Franzosen, griechischen Zyprioten, Homosexuellen, älteren und jüngeren Personen sowie auch psychisch Erkrankten (Abrams et al., 2008; Crisp & Husnu, 2011, Husnu & Crisp, 2010b; Husnu & Crisp, 2011; Stathi & Crisp, 2008; Turner & Crisp, 2010; Turner, Crisp et al., 2007). Harwood, Paolini, Joyce, Rubin und Arroyo (2011) haben gezeigt, dass IIK sekundäre Transfereffekte hervorruft; der positive Effekt von IIK auf die Einstellungen gegenüber einer Gruppe generalisiert auf die Einstellungen zu anderen Gruppen.

Ein zentraler Wirkfaktor von IIK ist die *mentale Imagination*, mit der die positiven Veränderungen in den Einstellungen und Kontaktintentionen bewirkt werden (Turner, et al., 2007). Die aktive mentale Imagination wird mit einem elaborierten Kontaktszenario gefördert; mehrere Studien zeigen, dass IIK wirksamer ist, wenn ein elaboriertes Kontaktszenario imaginiert wird (Husnu & Crisp, 2010a, 2011; Turner, Crisp et al., 2007, West et al., 2011). Ein elaborierter IIK bewirkt vermehrte Kontaktintentionen im Vergleich zu einer Imagination ohne Orts- und Zeitangabe (Husnu & Crisp, 2010a). Ähnlich wie im realen Kontakt wird während IIK die Wahrnehmung der Fremdgruppe aktiviert. Die Imaginierenden stellen sich die Inhalte vor, die sie über die Fremdgruppe erfahren können und die Emotionen, die sie dabei empfinden. Turner, Crisp et al. (2007) zufolge werden während IIK automatisch Konzepte aktiviert, die während erfolgreicher realer

Intergruppenkontakte aktiviert werden. Die Autoren nehmen an, dass IIK bewusste Prozesse erzeugt, die ähnlich zu den Prozessen während RIK sind; z.B. stellen sich die Imaginierenden vor, wie sie sich während RIK fühlen und was sie von dem Fremdgruppenmitglied lernen können. Diese positiven Prozesse könnten eine positive Einstellungsänderung zur Folge haben, sodass sich die Imaginierenden in zukünftigen Intergruppenkontakten wohler fühlen könnten (Turner, Crisp et al., 2007).

Alternativerklärungen wie Priming können den Erfolg von IIK nicht erklären; IIK zeigt nur dann Effekte, wenn der Intergruppenkontakt imaginiert wird, das alleinige Denken an einen Intergruppenkontakt reicht nicht aus (Turner, Crisp et al., 2007). Des Weiteren kann ausgeschlossen werden, dass der demand-Charakter einer Untersuchung eine Alternativerklärung für die Wirksamkeit von IIK ist. Turner, Crisp et al. (2007) befragten nach ihrer Studie zu IIK die Vpn, keine Vpn hatte das Ziel der Untersuchung erkannt, dennoch verbesserte IIK die Einstellungen zur Fremdgruppe. Eine weitere mögliche Alternativerklärung für die positiven Effekte von IIK könnte die soziale Erwünschtheit sein. Diese Erklärung wurde jedoch ausgeschlossen, da IIK Effekte auf die impliziten Einstellungen zeigt (Turner & Crisp, 2010) und diese kaum willentlich zu beeinflussen sind. Möglich wäre, dass allein die Imagination einer sozialen Interaktion die Erklärung für die Effekte von IIK ist. Jedoch hat die Imagination der sozialen Interaktion eines Fremdgruppenmitglieds positivere Auswirkungen als die Imagination einer sozialen Interaktion mit einem unspezifischen Fremden (Stathi & Crisp, 2008). Den Forschungsergebnissen zufolge erzielt die aktive Imagination der Fremdgruppe positive Auswirkungen auf die Einstellungen gegenüber der Fremdgruppe.

Zur Verstärkung der Auswirkungen von IIK ist es wirksam, zwei heterogene Kontaktszenarien nacheinander zu imaginieren, d.h. Kontaktszenarien, deren Inhalte an unterschiedlichen Orten zu verschiedenen Zeiten mit unterschiedlichen

Fremdgruppenmitgliedern stattfinden. Dieses hat sich als erfolgreicher bei der Verstärkung von Kontaktintentionen erwiesen, als die wiederholte Imagination eines Kontaktszenarios, das am selben Ort und zur selben Zeit stattfindet (Husnu & Crisp, 2010b). IIK ist effektiver bei geschlossenen Augen, dieses bewirkte vermehrte Kontaktintentionen als eine Imagination bei geöffneten Augen (Husnu & Crisp, 2011). Die Kontaktqualität während IIK ist von Bedeutung für seine Effekte. Ein Kontaktszenario mit kooperativem Intergruppenkontakt in Anlehnung an Allports Bedingungen (1954) verstärkt die Effekte von IIK (Kuchenbrandt, Eyssel & Seidel, zur Wiedereinreichung eingeladen). Des Weiteren ist die Qualität der imaginierten Intergruppeninteraktion höher, wenn das kooperative Kontaktszenario inhaltlich positiv ist als neutral oder positiv ohne Kooperation. Ein angenehm beschriebener Intergruppenkontakt verstärkt die positiven Auswirkungen von IIK, im Gegensatz zu einem neutral beschriebenen Kontakt (West et al., 2011). Einige Kontaktszenarien regen an, die Selbstoffenbarung des Fremdgruppenmitglieds zu imaginieren. Sie beschreiben eine Unterhaltung, in der das Fremdgruppenmitglied interessante Informationen über sich preisgibt (Husnu & Christ, 2010a; Turner, Crisp et al., 2007), die Imagination einer solchen Unterhaltung zeigte eine große Effektivität. Reale Kontakterfahrungen mit der Fremdgruppe können zur Verbesserung der Wahrnehmung des IIK beitragen. Husnu und Crisp (2010a) verglichen Personen mit hohen, geringen und keinen Kontakterfahrungen. Personen mit hohen Kontakterfahrungen bewerteten die Lebhaftigkeit der Imagination besser und gaben vermehrte Kontaktintentionen an als Personen mit wenigen oder keinen Kontakterfahrungen. Diese Ergebnisse waren unabhängig davon, ob ein elaboriertes oder neutrales Kontaktszenario imaginiert wurde. Als Erklärung gaben Husnu und Crisp (2010a) an, dass die Personen mit hohen Kontakterfahrungen mehr Erinnerungen an

Fremdgruppenkontakte und vermehrtes Wissen über die Fremdgruppe haben und sich deswegen IIK besser vorstellen konnten.

1.4.1. Auswirkungen auf das Verhalten

Untersuchungen zu den Auswirkungen von IIK auf RIK bestehen derzeit noch nicht. Eine erste Untersuchung zum Verhalten nach IIK von Turner und West (2011) zeigt, dass IIK positive Effekte auf das Verhalten erzielt. In ihrer Studie wurden die Vpn nach IIK informiert, dass ein Kontakt mit einem Mitglied der zuvor imaginierten Fremdgruppe stattfinden würde. In Vorbereitung auf den Kontakt hatten die Vpn die Aufgabe, Stühle für den Kontakt aufzustellen. Vpn, die zuvor die Fremdgruppe imaginiert hatten, stellten in der Erwartung auf das Fremdgruppenmitglied die Stühle signifikant näher aneinander als diejenigen, die nicht die Fremdgruppe imaginiert hatten. Die geringere soziale Distanz im antizipierten Intergruppenkontakt nach IIK kann darauf hindeuten, dass IIK die Bereitschaft für Intergruppenkontakt verbessert.

Die Imaginationsfähigkeit von Menschen ist in der Psychologie seit langem von Bedeutung, schon Galton (1883) beschäftigte sich mit ihrem Potential. Da die Imagination sich auf das Verhalten auswirken kann, wird sie heute in verschiedenen Anwendungsbereichen eingesetzt. In der Klinischen Psychologie wird mentale Imagination bei therapeutischen Interventionen zur Reduktion von Depression oder Ängsten erfolgreich angewendet (Holmes, Lang & Shah, 2009; Wolpe, 1958). Eine Untersuchung der Sportpsychologie zeigt, dass eine Imagination, die zum Ziel hat, Handlungen und Motivation zu fördern, vermehrtes Trainingsverhalten bewirkt (Andersson & Moss, 2010). Die Kognitiven Neurowissenschaften zeigen in ihren Untersuchungen, dass die Imagination Einfluss auf die Wahrnehmung, Handlung und auf die physiologischen Prozesse nimmt (Kosslyn, Ganis & Thompson, 2001). Die funktionelle Magnetresonanztomographie (fMRI) und die Positronen-Emissions-Tomographie (PET) zeigen, dass während der Imagination dieselben neurologischen Mechanismen aktiviert werden wie in der realen Wahrnehmung und in der motorischen Kontrolle. Im psychotherapeutischen Kontext führte die Imagination von Gründen, in der Therapie zu bleiben, zu verringertem Therapieabbruch (Sherman & Anderson, 1987).

Diesen Ergebnissen folgend kann angenommen werden, dass mit der mentalen Imagination zukünftiges Verhalten positiv zu beeinflussen ist. Einerseits wurde gezeigt, dass die Einstellungen dem Verhalten direkt vorausgehen (Ajzen, 1991, Armitage & Conner, 2011), andererseits ist nicht grundsätzlich davon auszugehen, dass dieser Zusammenhang besteht (Webb & Sheeran, 2006). Forschungsarbeiten in der Sozialpsychologie liefern Hinweise darauf, dass die Imagination Auswirkungen auf das Verhalten einer Person hat. Die bloße Imagination, in einer Gruppe von Menschen zu sein, führte zu dem Bystander-Effekt (Garcia, Weaver, Moskowitz & Darley, 2002). Personen, die sich vorgestellt hatten, sie würden sich in einer größeren Gruppe von Personen befinden, zeigten in einer anschließenden Situation, in der eine Person Hilfe benötigte, weniger Hilfeverhalten. Wird ein Konfliktgespräch vor dem realen Kontakt imaginiert, führt dieses zu weniger Ängsten im realen Kontakt und ist im nonverbalen Verhalten zu beobachten (Allen & Honeycutt, 1997). Diese Ergebnisse deuten an, dass die Imagination eines realen Intergruppenkontakts genügen kann, um Verhaltensweisen und Gefühle zu aktivieren, die in einem realen Intergruppenkontakt entstehen würden.

1.4.2. Fragestellung und Ziel der Untersuchung

Das Forschungsvorhaben der vorliegenden Studie ist, die Auswirkungen von IIK auf die Qualität realer Intergruppenkontakte zu untersuchen. Damit knüpft diese Studie an bisherige Forschungsarbeiten zum IIK an, die deutliche Erfolge von IIK zeigen. Bis zum heutigen Stand der Forschung ist nicht untersucht worden, ob IIK Auswirkungen auf einen nachfolgenden realen Intergruppenkontakt zeigt.

Die Qualität von RIK kann durch implizite und explizite Einstellungen deutlich beeinträchtigt werden. Implizite Maße zeigen sich in spontanem Verhalten (Dovidio, Kawakami & Gaertner, 2002), sie sind nicht intendiert und kaum willentlich zu steuern. Negative implizite Einstellungen drücken sich durch nonverbale Verhaltensweisen aus, z.B. durch die Vermeidung von Augenkontakt oder eine verschlossene Sitzhaltung (Dovidio, Kawakami, Johnson, Johnson & Howard, 1997). IIK verbessert implizite Einstellungen (Turner & Crisp, 2010) und beeinflusst das nonverbale Verhalten positiv (Turner & West, 2011). Darüber hinaus verbessert IIK explizite Einstellungen (Turner, Crisp, et al., 2007), die in überlegtem Verhalten deutlich werden (Dovidio et al., 2002) und im Verhalten beobachtbar sein sollten. Explizite positive Einstellungen gegenüber einer Person, wie z.B. Sympathie, können durch vermehrten Augenkontakt und eine offene Sitzhaltung zu erkennen sein (Mehrabian, 1968). Da IIK implizite sowie explizite Einstellungen verbessert, ist hieraus zu schließen, dass diese Faktoren die Qualität eines folgenden RIK positiv beeinflussen. Dieses muss jedoch empirisch gezeigt werden.

Empfohlen wird, IIK unmittelbar vor dem realen Intergruppenkontakt (Turner, Crisp et al., 2007) als Vorbereitung für RIK einzusetzen (Crisp et al., 2010). Der nächste Schritt in der Forschung sollte die Untersuchung der Auswirkungen von IIK auf das direkte und indirekte Verhalten während RIK sein (Turner & Crisp, 2010).

2. Hypothesen

Da IIK die Einstellungen gegenüber der Fremdgruppe verbessert (Turner & Crisp, 2010; Turner, Crisp, et al., 2007), sollten diese verbesserten Einstellungen auf die Verhaltensintentionen einwirken und verstärkte Kontaktintentionen bewirken. Vorherige

Studien zeigten bereits, dass IIK die Kontaktintentionen sowie das Kontaktinteresse verstärkt (Crisp & Husnu, 2011; Husnu & Crisp, 2010a, 2010b, 2011). Demzufolge ergibt sich die 1. Hypothese:

H1: Imaginierter Intergruppenkontakt zeigt positive Auswirkungen auf die Kontaktintentionen und das Kontaktinteresse.

Verstärkte Kontaktintentionen nach IIK sollten sich auf zukünftiges Verhalten im RIK auswirken. Anzunehmen ist, dass IIK positive Auswirkungen auf die Qualität während RIK zeigt, da IIK Faktoren verringert, die negative Effekte auf die Qualität von RIK haben. Ein Faktor sind reduzierte Vorurteile nach IIK (West et al., 2011), wodurch die Personen dem Fremdgruppenmitglied offener begegnen könnten. Besonders bedeutsam ist, dass IIK Intergruppenängste verringert (Husnu & Crisp, 2010a, Turner, Crisp, et al., 2007; West et al., 2011). Bei Intergruppenängsten ist es wahrscheinlich, dass der Kontakt negativ wahrgenommen und schnell beendet wird (Plant & Butz, 2006). Darüber hinaus äußern sich Intergruppenängste im Verhalten einer Person durch verringerten Augenkontakt und weniger Lächeln (Ickes, 1984), wodurch RIK negativ beeinflusst werden könnte. Da IIK Intergruppenängste reduziert, trägt er wahrscheinlich zu einer positiven Qualität von RIK bei. Empirisch wurde dieses bislang noch nicht untersucht. Weitere Faktoren, die zu einem erfolgreichen RIK beitragen, sind positive Emotionen und Überzeugungen gegenüber der Fremdgruppe (Turner & West, 2011). Wird für IIK ein kooperatives Kontaktszenario eingesetzt, führt dieses zu einer höheren Qualität der imaginierten Intergruppeninteraktion (Kuchenbrandt et al., zur Wiedereinreichung eingeladen). Diese positive Qualität der Imagination könnte sich positiv auf die Qualität während RIK auswirken. Aus diesen Gründen wird folgende zweite Hypothese aufgestellt:

H2: Imaginierter Intergruppenkontakt zeigt positive Auswirkungen auf die Qualität des nachfolgenden realen Intergruppenkontakts.

Besonders erfolgreich es, den Intergruppenkontakt *positiv* zu imaginieren, die Folge sind positive Einstellungen zur Fremdgruppe und weniger Intergruppenängste (West, Holmes & Hewstone, 2011). Positive reale Intergruppenkontakte verringern Vorurteile und verbessern Intergruppenbeziehungen (Pettigrew & Tropp, 2006), ebenso positive stellvertretende Kontakte (Mazziotta, Mummendey & Wright, 2011). Aus diesen Gründen wird folgende dritte Hypothese aufgestellt:

H3: Bei höherer Qualität des Imaginierten Intergruppenkontakts fallen die positiven Effekte auf die objektive und subjektiv wahrgenomme Qualität des nachfolgenden realen Kontakts stärker aus.

Vermehrte Kontakterfahrungen wirken sich auf IIK aus, sie verstärken die Wahrnehmung von IIK und erhöhen die Kontaktintentionen (Husnu & Crisp, 2010a). Reale Kontakterfahrungen mit der Fremdgruppe tragen dazu bei, dass geringe Vorurteile vorhanden sind (Pettigrew et al., 2011). Kontakterfahrungen im Allgemeinen können zu positiven Intergruppenkontakten beitragen (Pettigrew & Tropp, 2006). Daher ist anzunehmen, dass sich die Kontakterfahrungen nach IIK auf RIK auswirken. Es wird als vierte Hypothese angenommen:

H4: Personen mit höheren Kontakterfahrungen profitieren stärker von Imaginiertem Intergruppenkontakt als Personen mit geringen Kontakterfahrungen.

3. Methode

3.1. Untersuchungsdesign

Zur Untersuchung der Hypothesen wurde eine experimentelle Studie in einem 2x2 between-subjects Design durchgeführt, mit den Zwischensubjektfaktoren IIK *Qualität* (IIK Qualität: neutral vs. positiv) und IIK *Gruppe* (IIK Gruppe: mit Eigen- vs. mit Fremdgruppe). Hieraus ergeben sich zwei Experimentalbedingungen: Die neutrale und die positive Imagination von Fremdgruppeninteraktionen. Zudem ergeben sich zwei Kontrollbedingungen, sie enthalten die Imagination der Eigengruppe in positiver oder neutraler Qualität.

3.2. Intergruppenkontext

Die Gruppe der Türken ist in Deutschland mit Vorurteilen behaftet (Neumann & Sebt, 2001; Pettigrew & Meertens, 1995; van Dick et al., 2004), obwohl sie seit über 50 Jahren ein Bestandteil der Gesellschaft sind. Türken stellen in Deutschland eine Minorität dar, es besitzen ca. 3.4% der Einwohner einen türkischen Migrationshintergrund (Woellert et al., 2009). Möglicherweise sind die Vorurteile so beharrlich, da über Minoritäten stärkere Vorurteile bestehen als über Majoritäten (Gonzáles & Brown, 2002). Die Gruppe der Türken ist die am wenigsten integrierte Fremdgruppe in Deutschland (Woellert, et al., 2009). Stereotype von Deutschen über Türken beinhalten deutlich weniger positive Aussagen als Stereotype von Deutschen über ihre Eigengruppe (Kahraman & Knoblich, 2000). Das Berlin-Institut für Bevölkerung und Entwicklung stellte fest, dass häufig die bestehenden Vorurteile eine sachliche Diskussion zur Integration und Einwanderung verhindern (Woellert et al., 2009). Aus diesen Gründen wird in der vorliegenden Studie die Fremdgruppe der Türken gewählt. Für diese Fremdgruppe ist es wichtig, unkompliziert anwendbare Interventionsstrategien zu entwickeln, die zur Verringerung der bestehenden Vorurteile beitragen.

3.3. Untersuchungsablauf und Versuchsmaterialien

Die Rekrutierung der Versuchspersonen (Vpn) erfolgte durch die persönliche Ansprache der Versuchsleiterin (VL). Aushänge in der Haupthalle der Universität Bielefeld machten auf die Studie aufmerksam. Vor der Durchführung wurde die VL mit drei

Versuchsabläufen trainiert. Die Vpn wurden zu den Experimentalbedingungen randomisiert zugewiesen. Die Randomisierung erfolgte computergeneriert, so war sichergestellt, dass die VL für die Versuchbedingungen blind war. Als Belohnung für die Teilnahme wurde jeder Vpn Schokolade ausgehändigt, Psychologiestudenten erhielten zusätzlich Versuchspersonenstunden.

Für die Durchführung des Experiments stand ein Experimentallabor der Universität Bielefeld mit zwei Stühlen und zwei Tischen zur Verfügung. An die Labortür wurde ein Anmeldebogen mit dem Titel „Soziale Roboter und Technikerfahrung" angebracht, auf dem als Teilnehmer deutsche und türkische Namen eingetragen waren.

Der allgemeine Ablauf war, dass die Studie aus 2 Phasen bestand. In der ersten Phase wurde IIK umgesetzt, in der zweiten Phase fand eine reale Intergruppeninteraktion statt. In beiden Phasen wurde den Vpn mitgeteilt, dass es sich um zwei unabhängige Untersuchungen handelt. Dieses sollte zur Verringerung des demand-Charakters der Studie und zur Verschleierung des Zusammenhangs beider Phasen dienen. Die Phase 1, die angeblich erste Studie, wurde „Soziale Wahrnehmung und Vorstellungsvermögen" genannt. Die Phase 2, die angeblich unabhängige zweite Studie, fand unter dem Titel „Soziale Roboter und Technikerfahrung" statt.

3.3.1. Phase 1: Imaginierter Intergruppenkontakt

In der Phase 1 der Studie wurde jede Vpn gebeten, vor der eigentlichen Studie an der Studie „Soziale Wahrnehmung und Vorstellungsvermögen" teilzunehmen, da für eine Studie der Universität Köln sehr viele Vpn benötigt werden. Jede Vpn unterschrieb eine Einverständniserklärung über die Teilnahme (siehe Anhang A). Die VL kündigte an, dass im Anschluss daran die eigentliche Studie „Soziale Roboter und Technikerfahrung" folgen würde. Der IIK und die Erhebung aller Variablen wurden mit einem Laptop und der

Umfragesoftware Unipark, EFS Survey Version 8.1 durchgeführt. Vor IIK beantwortete die Vpn computergestützt die demografischen Variablen. Zur Verstärkung der Coverstory war das Design der Erhebung mit dem Logo der Universität Köln versehen. Es folgte die Imagination zweier Intergruppenkontakte nacheinander (siehe Kapitel 3.5.), in Anlehnung an die Studie von Husnu und Crisp (2010b). In jedem Kontaktszenario wurden die Vpn instruiert, die Augen währen der Imagination zu schließen, da sich ein IIK bei geschlossenen Augen als effektiver erwiesen hat als bei geöffneten Augen (Husnu & Crisp, 2011). Des Weiteren wurden die Vpn gebeten, sich die geschilderten Kontaktsituationen eine Minute lang so detailliert und lebendig wie möglich vorstellen, in Anlehnung an Kuchenbrandt et al. (zur Wiedereinreichung eingeladen). Der IIK umfasste eine Zeit von einer Minute. Nach Ablauf der Minute ertönte jeweils ein Signal zur Beendigung der Imagination. Beide Kontaktszenarien beinhalteten entweder die Imagination eines türkischen Fremdgruppenmitglieds oder eines deutschen Eigengruppenmitglieds, jeweils entweder in positiver oder in neutraler Qualität. Nach der Beendigung beider Imaginationen folgte ein Manipulationscheck (siehe Kapitel 3.6.3.). Anschließend erfolgte die Erhebung der abhängigen Variablen (AVn) Kontaktintentionen, Kontaktinteresse und Kontakterfahrung. Die Fragen zur Beantwortung dieser AVn wurden zu weiteren Fremdgruppen gestellt (Griechen, Japaner, Amerikaner), um den Zusammenhang zur Zielgruppe (Türken) zu verschleiern. Im Anschluss daran erfolgte der RIK.

3.3.2. Phase 2: Realer Intergruppenkontakt

In der Phase 2 erfolgte die Herstellung des realen Intergruppenkontaktes über die Ankündigung des Gesprächs über das Thema „Soziale Roboter und Technikerfahrung". Das Gespräch sollte mit einer angeblich zweiten Vpn geführt werden. Diese angeblich zweite Vpn war eine Konföderierte der VL mit türkischem Migrationshintergrund. Die

Konföderierte war für die Versuchsbedingungen blind und wurde zuvor für das Experiment mit drei Versuchsabläufen trainiert. Um die Zufälligkeit der Teilnahme einer türkischen Vpn zu verstärken, gab die VL an, nachsehen zu müssen „ob die andere Versuchsperson schon da ist". Die Konföderierte wartete angezogen mit einer Jacke und einer Tasche vor der Tür. Mit dem Ziel der natürlichen Interaktion wurde ihr natürliches Äußeres, ein Kopftuch und dunkle Kleidung, beibehalten. Die Konföderierte erschien zu allen Experimenten in demselben äußeren Erscheinungsbild. Sie stellte sich mit ihrem persönlichen Namen (Zeynep) vor, der eindeutig türkisch ist, sodass ihre Gruppenmitgliedschaft erkennbar ist. Somit war die Typikalität im Intergruppenkontakt gegeben, in Anlehnung an die Studie von Voci und Hewstone (2003). Um das Hypothesenbewusstsein der Vpn aufgrund der Fremdgruppenzugehörigkeit der Konföderierten zu schwächen, stellte die VL die Konföderierte als weitere Vpn vor und bedankte sich für die spontane Teilnahme. Die VL bat beide Teilnehmer, Platz zu nehmen; die Sitzgelegenheit war standardisiert und bestand aus zwei Stühlen und einem Tisch. Die Vpn saß immer rechts. Zur Verstärkung der Unabhängigkeit zwischen dem 1. und 2. Teil des Experiments bat die VL ebenfalls die Konföderierte, an der Studie zur „Sozialen Wahrnehmung und zum Vorstellungsvermögen" im Anschluss teilzunehmen, „so wie die andere Versuchsperson zuvor". Die Konföderierte willigte jedes Mal ein.

Die VL informierte beide Personen über den Beginn der Durchführung des „eigentlichen Experiments" zu ihrer Studie „Soziale Roboter und Technikerfahrung". Sie erklärte, dass ein Interview durchgeführt wird, bei dem ein Rollentausch erfolgt. Die VL klärte beide Personen darüber auf, dass während des Interviews das Recht bestehen würde, die Antwort zu verweigern, das Gespräch abzubrechen und jede Person das Recht hat „weiter" zu sagen, um zur nächsten Frage zu gelangen. Danach klärte die VL beide Personen über die Videoaufzeichnung auf; alle erklärten sich mit der Videoaufzeichnung einverstanden. Die Vpn und die Konföderierte unterschrieben eine Einverständniserklärung, (siehe Anhang B). Die Anonymität der Vpn wurde durch die Zuweisung einer Versuchspersonennummer gesichert. Die VL teilte mit, dass derjenige, der das Gespräch beginnt, eine Liste mit Fragen (siehe Anhang B1) zu „Robotern und Technikerfahrungen" erhält, um „den Einstieg zu erleichtern, da es immer etwas schwieriger ist zu beginnen". Es wurde ausgelost, wer das Gespräch beginnt; mittels eines manipulierten Loses begann immer die Konföderierte, sie erhielt die Fragenliste. Die VL erklärte, dass nach der Beantwortung der Fragenliste ein Rollentausch erfolgen würde. Dann hätte die Vpn Zeit, um der „anderen Vpn" alle Fragen zu stellen, die ihr in den Sinn kommen und dass sie beliebig viele Fragen stellen könnte. Für die Beantwortung der Fragenliste verließ die VL das Versuchslabor.

Es erfolgte der reale Intergruppenkontakt mit Videoaufzeichnung. Jede Videoaufzeichnung erfolgte mittels einer Videokamera HD Camcorder Sony mit Stativ. Die Konföderierte stellte der Vpn nacheinander die Fragen der Liste. Die ersten Fragen bezogen sich im Sinne der Coverstory auf soziale Roboter und Technik. Im weiteren Verlauf wurden die Fragen jedoch persönlicher und intimer. Die Fragen wurden auf Basis eines Vortest ausgewählt (siehe Kapitel 3.4.). Dieser erste Teil der Interaktion dauerte durchschnittlich 5 Minuten. Nach Beendigung der Liste mit den Fragen gaben die Personen der VL Bescheid. Die VL instruierte die Vpn und die Konföderierte, die Rollen zu tauschen und ein Interview ohne die Liste zu führen. Die Aufgabe der Vpn war, der Konföderierten spontan überlegte Fragen zu stellen, ohne eine Vorgabe. Dafür wurde der Vpn ein Zeitrahmen von fünf Minuten genannt. Für die Interaktion verließ die VL den Raum. Nach drei Minuten beendete sie das Interview und die Videoaufzeichnung. Es folgte die Erhebung der AVn, zuerst von der Vpn, danach von der Konföderierten. Zur Verstärkung der Unabhängigkeit zur Phase 1 erfolgte die computergestützte Erhebung der AVn im

Design der Universität Bielefeld und CITEC. Sobald die Vpn mit der Beantwortung der Fragen fertig war, verließ sie den Raum.

Am Ende der Studie erfragte die VL, ob die Vpn das Ziel dieser Studie erkannt hatte. Keine Vpn hatte einen Verdacht über die Ziele und Hypothesen der Studie. Die VL klärte alle Vpn lückenlos über die Ziele, Inhalte und das eigentliche Vorgehen der Studie auf. Nach der Aufklärung zeigten sich alle Vpn mit der Auswertung der Videoaufzeichnung und der Verwendung der angegebenen Daten einverstanden, sie unterschrieben darüber eine Einverständniserklärung (siehe Dateianhang B). Aufgrund der gestellten intimen Fragen erhielt jede Vpn Kontaktinformationen der psychologischen Beratungsstelle der Universität Bielefeld. Vor der Durchführung der Experimente wurden der Inhalt und der Ablauf des Experiments der Ethikkommission der Universität Bielefeld vorgelegt und von ihr bewilligt.

3.4. Vortest

Um die abhängige Variable *Selbstoffenbarung der Vpn* im realen Intergruppenkontakt erheben zu können, wurden in einem Vortest Fragen nach ihrer Intimität geratet. Insgesamt wurden 71 Fragen bewertet mit dem Ziel, aus diesen Fragen 25 Fragen auszuwählen und sie nach steigender Intimität zu ordnen. Die Fragen sollten drei Kategorien zuzuordnen sein: *Neutral*, *Mittlere Intimität* und *Hohe Intimität*.

3.4.1. Methode

Stichprobe. Von 192 Teilnehmern beendeten 80 Teilnehmer (41.67%) den Onlinefragebogen, 47 Teilnehmer waren weiblich (58.8 %). Das durchschnittliche Alter lag bei 29.75 Jahren ($SD = 8.31$ Jahre), der jüngste Teilnehmer war 18, der älteste 64 Jahre. Die Nationalität von 77 Teilnehmern (96.3 %) war deutsch, die restlichen drei waren bosnischer, polnischer und rumänischer Nationalität. Von 71 Teilnehmern (88.8 %) war die Muttersprache deutsch. Es waren 54 der Teilnehmer Studenten (67.5 %), 18 waren berufstätig (22.5 %), acht Teilnehmer (10 %) gaben *Sonstiges* an. Die durchschnittliche Bearbeitungszeit war 14 Minuten.

Fragen zur Selbstoffenbarung. Einer unabhängigen Stichprobe wurden 71 Fragen mittels der Umfragesoftware Unipark online zur Bewertung vorgelegt. Die Fragen wurden in randomisierter Reihenfolge dargeboten. Jeder Teilnehmer beurteilte die Intimität jeder Frage mittels zweier Items. Das 1. Item lautete: „wie intim findest Du diese Frage?" und war auf einer 7-stufigen Likert-Skala (von 1 = *überhaupt nicht intim*, bis 7 = *sehr intim*) zu beantworten, große Werte bedeuteten eine hohe Intimität der Frage. Das 2. Item lautete: „würdest Du diese Frage auch einem Fremden beantworten, oder nur einem guten Freund?" und war auf einer 7-stufigen Likert-Skala zu beantworten (von 1 = *auch einem Fremden*, bis 7 = *nur einem guten Freund*), große Werte bedeuteten eine hohe Intimität der Frage.

Für jeden Teilnehmer wurde ein Mittelwert aus den beiden Items gebildet, dieser wurde in aufsteigender Reihenfolge sortiert. Die Kategorien *Neutral*, *Mittlere Intimität* und *Hohe Intimität* wurden mit folgendem Kriterium festgelegt: Aus allen Antworten wurde ein Gesamtmittelwert (*GM*) und die dazugehörige Gesamtstandardabweichung (*GSD*) berechnet. In die Kategorie *Neutral* wurden die Fragen eingeordnet, deren Mittelwert eine *GSD* unter dem *GM* liegt. In die Kategorie *Mittlere Intimität* wurden die Fragen eingeordnet, deren Mittelwert eine *GSD* vom *GM* nach oben und nach unten lag. In die Kategorie *Hohe Intimität* wurden die Fragen eingeordnet, deren Mittelwert eine *GSD* über dem *GM* lag.

3.4.2. Ergebnis

Reliabilität. Das Item *Hast Du schon einmal Drogen genommen?* wies mit Cronbachs α = .69 ($N = 80$) eine nicht genügend hohe Reliabilität auf und wurde aus der Analyse ausgeschlossen. Die Reliabilität der anderen Items war als genügend hoch zu bewerten, Cronbachs α = .73-.98 ($N = 80$).

Rating der Fragen. Der Gesamtmittelwert betrug $GM = 3.87$, die Gesamtstandardabweichung $GSD = 1.60$. Demnach wurden der Kategorie *Neutral* die ersten 10 Fragen mit $M < 2.27$ zugeordnet, der Kategorie *Mittlere Intimität* 10 Fragen mit $M > 2.27$ und $M < 5.47$ und der Kategorie *Hohe Intimität* 10 Fragen mit $M > 5.47$. Fünf Fragen wurden aus ethischen Gründen aus der Rangfolge eliminiert, da sie zu sehr in den privaten Bereich der Vpn eingedrungen wären. Dieses waren z.B. Fragen zu psychischen Problemen oder sexuellen Präferenzen. In der Tabelle 1 sind die ausgewählten Fragen in ansteigender Intimität aufgeführt. Die ersten 15 Fragen gehören in die Kategorie *Neutral*, die folgenden 10 in die Kategorie *Mittlere Intimität* und die letzten 10 in die Kategorie *Hohe Intimität*.

Tabelle 1

Mittelwerte und Standardabweichungen der nach aufsteigender Intimität bewerteten Fragen

Fragen	MW	SD
Hast Du schon einmal von Sozialen Robotern gehört?	1.74	1.27
Glaubst Du, dass es schon Roboter gibt, mit denen man ein Gespräch führen kann?	1.74	1.17

Fortsetzung

Welche technischen Geräte nutzt Du im Alltag? Nenne höchstens 6.	1.95	1.33
Warst Du schon einmal richtig wütend auf deinen Computer?	2.24	1.36
Hast du schon einmal ein Tamagochi besessen, um das Du Dich gekümmert hast?	2.25	1.48
Würdest Du einen Roboter als Pilot in einem Flugzeug einsetzen, in dem Du Passagier bist?	2.30	1.64
Stell Dir vor, ein Roboter führt einen Gesundheitscheck bei Dir durch. Glaubst Du, er würde Dir eine zuverlässige Diagnose stellen?	2.46	1.68
Surfst Du regelmäßig im Internet?	2.47	1.54
Würdest Du Dein Haus von einem Roboter bewachen lassen?	2.58	1.74
Hast Du eine eigene Internetseite oder einen Blog?	2.62	1.50
Bist Du zurzeit verliebt?	5.24	1.68
Bist Du schon einmal angetrunken Auto gefahren?	5.28	1.72
Welche pornografischen Seiten sind dir im Internet bekannt?	5.39	1.75
Welches Ereignis war im letzten Jahr besonders schlimm für Dich?	5.41	1.83
Wie war Dein schlimmstes Benehmen, als Du betrunken warst?	5.47	1.66
Hast Du nicht jugendfreie Videos auf Deinem Handy?	5.51	1.85
In wen warst Du schon einmal unglücklich verliebt?	5.53	1.69
Hast Du manchmal Selbstzweifel?	5.55	1.55
Hast Du in einem Geschäft schon einmal etwas mitgehen lassen/geklaut?	5.58	1.56
	Fortsetzung	

Hast Du schon einmal versucht, den Email-Account Deines/r Feundes/in (oder Ex) zu knacken?	5.62	1.73
Hast Du Dir im Internet schon einmal pornografische Bilder angesehen?	5.68	1.67
Hast Du schon einmal das Handy Deines/r Freundes/in (oder Ex) durchsucht?	5.68	1.62
Hast Du schon einmal auf pornografischen Internetseiten gesurft?	5.93	1.58
Wie läuft Deine jetzige Beziehung bzw. wie lief Deine letzte Beziehung?	5.99	1.22
Hast Du schon einmal Deinen Freund/in (oder Exfreund/in) betrogen?	6.13	1.31

Anmerkungen. MW = Mittelwert. SD = Standardabweichung.

3.4.3. Schlussfolgerung

Die interne Konsistenz der analysierten Fragen erwies sich als sehr gut bis gut. In der Kategorie *Neutrale Intimität* wurde die Reihenfolge der Fragen inhaltlich angepasst. Die Liste mit Fragen wird als Untersuchungsinstrument in der Hauptstudie eingesetzt. Die 25 ausgewählten Fragen werden in der dargestellten Reihenfolge zur Erhebung der *Selbstoffenbarung der Vpn* verwendet.

3.5. Unabhängige Variablen

Dem Experimentaldesign entsprechend gab es vier Bedingungen, in jeder Bedingung wurden zwei Szenarien imaginiert. In jeder der vier Bedingungen wurden zwei grundlegende Szenarien imaginiert, die in Abhängigkeit von der experimentellen Bedingung leicht variiert wurden. Das erste Grundszenario hatte zum Inhalt, dass die Vpn an einem internationalen Studentenworkshop teilnimmt und ihr eine türkische Studentin zugeteilt wird, mit der sie eine Präsentation zu erarbeiten hat. Das zweite Grundszenario beinhaltete, dass die Vpn an einem Seminar teilnehmen will, bei dem bereits alle Plätze besetzt sind. Sie trifft auf eine türkische Studentin, die auch keinen Sitzplatz hat und unterhält sich mit ihr. Dieser *neutrale Intergruppenkontakt* wurde in der Bedingung der neutralen Imagination der Fremdgruppe computergestützt textlich dargeboten.

Die positive Imagination der Fremdgruppe wurde durch die Anreicherung positiver Inhalte manipuliert. Das Kontaktszenario des Studentenworkshops beinhaltete die Beschreibung eines positiven Gesprächs mit beidseitiger Selbstoffenbarung. Das Gespräch wurde als „angenehm und interessant" beschrieben, in Anlehnung an das Kontaktszenario von Stathi & Crisp (2008). Die beidseitige Selbstoffenbarung unterstützt die positive Qualität des imaginierten Intergruppenkontakts, siehe Kuchenbrandt et al. (zur Wiedereinreichung eingeladen). Das zweite Kontaktszenario wurde durch einen kooperativen Intergruppenkontakt angereichert: Die Vpn und die türkische Studentin fassen gemeinsam den Entschluss, Sitzgelegenheiten aus dem Nebenraum zu beschaffen. Das Kontaktszenario wurde in Anlehnung an Kuchenbrandt et al. (zur Wiedereinreichung eingeladen) gestaltet. Dieser *neutrale Intergruppenkontakt* wurde in der Bedingung der positiven Imagination der Fremdgruppe dargeboten.

Die Kontaktszenarien zur Imagination der Eigengruppe in neutral und positiv waren denen zur Imagination des Fremdgruppenkontakt inhaltlich ähnlich. Es wurde lediglich die zu imaginierende Zielperson durch ein Eigengruppenmitglied ersetzt, indem eine Studentin anstatt einer Türkin beschrieben wurde. Die Kontaktszenarien sind im Anhang A zu finden.

3.5.1. Manipulationscheck

Der Manipulationscheck schloss sich direkt an den IIK an und erhob die Qualität der Imagination. Die Vpn gaben an, inwieweit sie 10 Aussagen auf einer 7-stufigen Likert-Skala zustimmen, von 1 = *stimme überhaupt nicht zu*, bis 7 = *stimme vollkommen zu*. Vier der Aussagen erfassten die *Lebhaftigkeit der Imagination* in Anlehnung an Husnu und Crisp (2010a), z.B. „die Person, die ich mir vorgestellt habe, war sympathisch". Die vier Items waren mit Cronbachs α = .78 als reliabel zu bewerten. Mit zwei Aussagen wurde die *Bewertung der imaginierten Kontaktperson* erfasst, z.B. „die Person, die ich mir vorgestellt habe, war sympathisch". Die Reliabilität der beiden Items war mit Cronbachs α = .83 als hoch zu bewerten. Vier Items erfassten die *Qualität des imaginierten Kontakts*, z.B. „die Situation, die ich mir vorgestellt habe, war positiv". Die beiden Items waren reliabel, Cronbachs α = .78. Alle Items sind im Anhang A4) einzusehen.

3.6. Abhängige Variablen und Kontrollvariablen

3.6.1. Abhängige Variablen

Vor IIK wurden folgende demografische Variablen erfasst: Geschlecht, Alter, Nationalität, Muttersprache, Religionszugehörigkeit, Tätigkeit und ggf. Studienfach. Alle im Folgenden dargestellten verwendeten Skalen waren reliabel, Cronbachs α lag zwischen .75 und .97.

Nach der Durchführung von IIK wurden per Selbstbericht von den Vpn die *Kontaktintentionen* und das *Kontaktinteresse* erfasst. Die *Kontaktintentionen* wurden in Anlehnung an die Items von Husnu und Crisp (2010b) erhoben: „Wenn Du das nächste Mal in einer Situation bist, in der Du mit einem Türken in Kontakt treten könntest...Wie wahrscheinlich ist es, dass Du ein Gespräch mit dem Türken beginnst?" und „Wie interessiert wärst Du daran, ein Gespräch mit einem Türken zu beginnen?" (siehe Anhang

A1). Die gleichen Fragen wurden zu den Fremdgruppen der Griechen, Japaner und Amerikaner gestellt, um den Zusammenhang zur Fremdgruppe der Türken abzuschwächen. Die Antworten waren auf einer 7-stufigen Likert-Skala zu geben, von 1 = *gar nicht wahrscheinlich*, bis 7 = *sehr wahrscheinlich*. Größere Werte indizierten eine höhere Kontaktintention. Die zwei Items waren mit Cronbachs α = .88 als reliabel zu bewerten.

Das *Kontaktinteresse* an der Fremdgruppe nach IIK wurde mit zwei Items in Anlehnung an die Items von Crisp und Husnu (2011) gemessen, sie lauteten: „wie viel Zeit möchtest Du in Zukunft damit verbringen, etwas über Türken zu lernen?" und „wie wichtig findest Du es, Kontakt zu Türken zu haben?" Die Antworten waren auf einer 7-stufigen Likert-Skala zu geben, von 1 = *gar keine Zeit*, bis 7 = *sehr viel Zeit*, bzw. 1 = *gar nicht wichtig*, bis 7 = *sehr wichtig*. Hohe Werte indizierten ein hohes Kontaktinteresse. Die beiden Items waren mit Cronbachs α = .81 reliabel. Die gleichen Items wurden zu den Fremdgruppen der Griechen, Japaner und Amerikaner gestellt (siehe Anhang A2).

Zur Beurteilung der Auswirkungen von IIK auf RIK wurden qualitative und quantitative Daten kombiniert erhoben, mittels Beobachtungsdaten und Selbstberichten. Beobachtungsdaten und Selbstberichte zur Bewertung von Intergruppenkontakten sind valide Methoden zur Datenerhebung (Hewstone, Judd & Sharp, 2011). Als Indikatoren für die Auswirkungen von IIK auf die Qualität von RIK wurden sieben AVn erhoben.

Als 1. AV nach RIK wurde die *Subjektive Kontaktqualität der Vpn* während RIK erhoben. Dafür schätzten die Vpn die wahrgenommene Qualität des Intergruppenkontakts anhand von Begriffen ein (z.B. *angenehm*, *sympathisch* etc.; siehe Anhang B1). Die Begriffe waren auf einer 7-stufigen Likert-Skala zu bewerten, von 1 = *sehr negativ*, bis 7 = *sehr positiv*. Große Werte bedeuten eine hohe subjektive Kontaktqualität. Die acht Items waren als sehr reliabel zu bewerten, Cronbachs α = .92.

Die 2. AV war die *Subjektive Kontaktqualität der Konföderierten*, die Konföderierte bewertete ebenfalls die stattgefundene Interaktion und erhielt hierzu die gleiche Skala wie die Vpn (siehe Anhang B1). Die Reliabilität der acht Items war als sehr gut zu bewerten, Cronbachs α = .97.

Als 3. AV wurde die *Beurteilung der Konföderierten* erhoben, wie die Vpn die Konföderierte im RIK wahrgenommen hatte. Die Vpn bewertete, wie gut jedes von insgesamt acht Items ihrer Meinung nach auf die Eigenschaften der Konföderierten zutraf, z.B. *freundlich, negativ, vertrauenswürdig* oder *natürlich*. Das Item *negativ* wurde rekodiert, sodass bei allen Items große Werte eine positive Beurteilung der Konföderierten bedeuteten. Die Items waren auf einer 7-stufigen Likert-Skala zu bewerten, von 1 = *überhaupt nicht gut*, bis 7 = *sehr gut*; je höher die angegeben Werte waren, desto besser traf das Item zu (siehe Anhang B2). Die Skala mit den acht Items war als reliabel zu bewerten, Cronbachs α = .89.

Die 4. AV war die *Beurteilung der Vpn*, wie die Konföderierte die Vpn im RIK wahrnahm. Es wurden die gleichen Items wie bei der 3. AV erhoben (siehe Anhang B2). Die Skala war sehr reliabel, Cronbachs α = .97.

Als 5. AV wurde die *Selbstoffenbarung* der Vpn erhoben, über die absolute Häufigkeit ihrer beantworteten Fragen. Dafür stellte die Konföderierte der Vpn 25 immer intimer werdende Fragen. Eine Selbstoffenbarung der Vpn sollte Sympathie zeigen und positive Einstellungen gegenüber dem Fremdgruppenmitglied reflektieren (Collins & Miller, 1994; Turner & Feddes, 2011). IIK könnte zu vermehrter Selbstoffenbarung gegenüber dem Fremdgruppenmitglied während RIK führen, da IIK das Vertrauen zur Fremdgruppe stärkt und Empathie bewirkt (Kuchenbrandt et al., zur Wiedereinreichung eingeladen). Die Selbstoffenbarung wurde umso höher bewertet, je mehr Fragen die Vpn aus der Fragenliste beantwortete. Die Skala mit den 25 Items war sehr reliabel, Cronbachs α = .91.

Die 6. AV, *Anzahl Fragen der Vpn*, erfasste die absolute Häufigkeit der von der Vpn gestellten Fragen. Eine hohe Anzahl gestellter Fragen sollte vermehrtes Interesse und Offenheit im Fremdgruppenkontakt zeigen. Je mehr Fragen die Vpn der Konföderierten stellte, desto höher wurde ihr Interesse an dem Fremdgruppenkontakt gewertet.

Die 7. AV war die Bewertung der *Qualität des RIK*. Zwei quasi-zufällig ausgewählte Rater bewerteten die Kontaktqualität des Intergruppenkontakts durch einmaliges Ansehen der Videoaufzeichnungen in randomisierter Reihenfolge. Die Rater waren voneinander unabhängig und für die Hypothesen und Experimentalbedingungen blind. Sie erhielten die Aufgabe, die Qualität der Interaktion zu beurteilen. Der Rater 1 bewertete die Kontaktqualität computergestützt mit Unipark, der Rater 2 mittels paper-pencil Test. Vorab wurden die Rater in der Beurteilung der Videosequenzen geschult, sie beurteilten zur Übung fünf Videosequenzen. Zur Beurteilung erhielten sie eine Liste mit sieben Begriffen, z.B. *angenehm, freundlich, negativ, schwierig* (siehe Anhang B3). Die Begriffe sind den Studien von Voci und Hewstone (2003) und West et al. (2011) entnommen. Die Rater wurden unabhängig voneinander gebeten, auf 7-stufigen Likert-Skalen anzugeben, wie sie die Interaktion beurteilten. Die Bewertungen waren von 1 = *überhaupt nicht gut*, bis 7 = *sehr gut* zu geben, große Werte bedeuteten eine hohe Kontaktqualität. Die Items *negativ* und *schwierig* wurden rekodiert. Die Skala mit den acht Items war reliabel, Cronbachs α = .88.

Der Mittelwert der Bewertungen der beiden Rater bildete die *Qualität des RIK*, in Anlehnung an den Index der Kontaktqualität von West et al. (2011). Die Reliabilität der beobachteten *Qualität des RIK*, berechnet durch die Reliabilitätsanalyse der Mittelwerte der Rater 1 und 2, ist mit Cronbachs α = .88 als gut zu bewerten. Die Qualität des RIK beider

Rater korrelierte signifikant und hoch miteinander, $r(74) = .87$, $p < .001$. Die Beurteilerübereinstimmung wurde mit der Intraklassenkorrelation bestimmt, das Maß ist der Intraclass-Correlation-Coefficient (ICC). ICC zeigt die Stärke des Zusammenhangs zwischen den Beurteilungen zweier Rater und kann Werte zwischen 0 und 1 annehmen; hohe Werte indizieren eine geringe Varianz zwischen den Beurteilungen der Rater (Wirtz & Caspar, 2002). Aufgrund der quasi-zufälligen Rekrutierung der Rater gehen sie als random-Faktor zur Berechnung der ICC ein. Das Ergebnis kann somit verallgemeinert werden, da es als Rater-unabhängig angesehen wird. Zur genauen Analyse der Beurteilerübereinstimmung werden der justierte Intraklassenkoeffizient (ICCjust) und der unjustierte Intraklassenkoeffizient (ICCunjust) berechnet. Der ICCjust berücksichtigt Mittelwertsunterschiede der Rater durch Strenge- und Mildeeffekte als systematische Variationen. Der justierte Intraklassenkoeffizient ist als hoch zu bewerten, ICCjust $= .78$, 95% KI [0.67, 0.85], $F(73,73) = 8.00$, $p < .001$. Die strengere Analyse mit ICCunjust rechnet die Mittelwertsunterschiede Messfehlern zu. Der unjustierte Intraklassenkoeffizient ist als hinreichend hoch zu bewerten, ICCunjust $= .63$, 95% KI [0.06, 0.84], $F(73,73) = 8.00$, $p < .001$. Aufgrund der beiden Ergebnisse kann die Interrater-Reliabilität als hoch bewertet werden.

3.6.2. Moderatorvariable

Als Moderatorvariable wurden die *Kontakterfahrungen* der Vpn mit der Fremdgruppe der Türken erfasst. Die Items zur Erfassung lauteten „wie viele Deiner Bekannten sind Türken?" und „wie viele Deiner Freunde sind Türken?" (siehe Anhang A3). Die Antwort war auf einer 4-stufigen Skala zu geben, mit 1 = *keiner*, 2 = *1 bis 2*, 3 = *3 bis 4* und 4 = *5 und mehr* (in Anlehnung an Turner, Hewstone, Voci & Vonofakou, 2008).

Höhere Werte indizierten eine höhere Kontakterfahrung. Die beiden Items waren mit Cronbachs α = .75 reliabel und sind im Anhang 1f) einzusehen.

3.7. Stichprobe

An dem Experiment nahmen 84 Versuchspersonen (Vpn) teil. Für eine klare Eigen- und Fremdgruppenkategorisierung waren für die vorliegende Untersuchung nur deutsche Versuchspersonen ohne Migrations- oder islamischen Hintergrund von Interesse. Fünf Vpn wurden aus den Analysen ausgeschlossen, da sie nicht deutscher Nationalität waren, weitere drei wurden aufgrund ihrer Religionszugehörigkeit zum Islam ausgeschlossen. Es gingen 76 Vpn in die Analysen ein. Davon waren 38 Vpn weiblich (50 %). Die Vpn waren im Alter von 17-49 Jahren ($M = 26.24$, $SD = 6.23$). Von den Vpn waren 67 Studierende (88.2 %), zwei Vpn waren Schüler (2.6 %) und sieben waren berufstätig (9.21 %). Der christlichen Religion gehörten 55 Vpn an (72.4 %), dem Buddhismus eine Vpn (1.3 %) und eine weitere Person gehörte den Zeugen Jehovas an. Es gehörten 18 Vpn keiner Religionsgemeinschaft an (23.7 %), eine Vpn machte keine Angaben (1.3 %).

3.8. Statistische Analysen

Die Auswertung der Daten erfolgte mit der Statistiksoftware SPSS 17.0. Die Berechnung der internen Konsistenz von jeder verwendeten Skala erfolgte mit Cronbachs α. Für den Manipulationscheck wurden t-Tests und 2-faktorielle Varianzanalysen berechnet. Die Interrater-Reliabilität wurde mit der Berechnung der Produkt-Moment-Korrelation sowie der Intraklassenkorrelation (Wirtz & Caspar, 2002) bewertet. Zur Überprüfung der Hypothesen wurden hierarchisch moderierte Regressionsanalysen mit der Einschlussmethode berechnet. Signifikante Interaktionen wurden mit Simple-Slopes-

Analysen und t-Tests näher geprüft. Alle Berechnungen erfolgten mit einem Signifikanzniveau von $\alpha = .05$.

4. Ergebnis

4.1. Deskriptive Statistiken

4.1.1. Manipulationscheck

In allen vier Experimentalbedingungen lag die Bewertung der *Lebhaftigkeit der Imagination* signifikant über dem Mittelwert der Skala (alle $Ms > 4.80$, $N = 76$, $M_{Skala} = 3.5$, alle $ps < .001$). Demzufolge wurde in allen Bedingungen IIK lebhaft imaginiert. Eine Varianzanalyse hat ergeben, dass sich die Lebhaftigkeit der Imagination nicht in Abhängigkeit von der experimentellen Bedingung unterschied: Für den Faktor IIK *Gruppe* ergab sich kein signifikanter Haupteffekt, $F(1, 72) = 0.37$, $p = .54$, $\eta^2 = .01$. Ebenfalls war für den Faktor IIK *Qualität* kein signifikanter Haupteffekt zu finden, $F(1, 72) = 3.39$, $p = .07$, $\eta^2 = .05$; es war lediglich in der Tendenz zu erkennen, dass die Imagination lebhafter bei positiver Qualität wahrgenommen wurde ($M = 5.32$, $SD = 1.08$) als bei neutraler Qualität ($M = 4.84$, $SD = 1.17$). Eine Varianzanalyse zeigte keinen signifikanten Interaktionseffekt der beiden experimentellen Faktoren *Gruppe* und *Qualität*, $F(1, 72) = .10$, $p = .75$, $\eta^2 < .001$. Zusammengefasst konnte festgestellt werden, dass die Imaginationen insgesamt als lebhaft bewertet wurden.

Die Mittelwerte der *Bewertung der imaginierten Kontaktperson* lagen in allen Experimentalbedingungen über dem Mittelwert der Skala (alle $Ms > 5.10$, $N = 76$, $M_{Skala} = 3.5$, alle $ps < .001$). In allen Bedingungen wurde die imaginierte Kontaktperson demzufolge als positiv bewertet. Die Mittelwerte und Standardabweichungen sind in der Tabelle 2 einzusehen. Eine Varianzanalyse zeigte für die experimentelle Manipulation IIK *Gruppe* einen signifikanter Haupteffekt, $F(1, 72) = 4.83$, $p = .03$, $\eta^2 = .06$. Detaillierter betrachtet bewerteten die Vpn die imaginierte Kontaktperson als positiver in der Bedingung IIK Fremdgruppe ($M = 6.08$, $SD = 0.84$) als in der Bedingung IIK Eigengruppe ($M = 5.46$, $SD = 1.46$). Eine Varianzanalyse zeigte einen signifikanten Haupteffekt für den Faktor IIK *Qualität*, $F(1, 72) = 4.32$, $p = .04$, $\eta^2 = .06$. Dieser Haupteffekt bedeutet, dass die Imagination in positiver Qualität eine positivere Beurteilung der imaginierten Kontaktperson zufolge hatte ($M = 6.07$, $SD = 1.04$) als eine Imagination in neutraler Qualität ($M = 5.49$, $SD = 1.34$). Es zeigte sich kein signifikanter Interaktionseffekt der beiden Faktoren IIK *Gruppe* und IIK *Qualität*, $F(1, 76) = 0.74$, $p = .39$, $\eta^2 = .01$. Besonders wichtig für den vorliegenden Kontext ist, dass die imaginierte Kontaktperson positiver wahrgenommen wurde, wenn die Vpn positiven vs. neutralen Kontakt imaginierten. Jedoch bewerteten sie ein imaginiertes Fremdgruppenmitglied positiver als ein imaginiertes Eigengruppenmitglied.

In allen Experimentalbedingungen lag die Bewertung der *Qualität des imaginierten Kontakts* im Mittel über dem Mittelwert der Skala (alle $Ms > 5.00$, $N = 76$, $M_{Skala} = 3.5$, alle $ps < .001$). Demzufolge wurde in allen Experimentalbedingungen die Qualität des imaginierten Kontakts als positiv bewertet. Die Mittelwerte und Standardabweichungen sind in der Tabelle 3 einzusehen. Eine Varianzanalyse zeigt einen signifikanten Haupteffekt des Faktors IIK *Gruppe*, $F(1, 76) = 3.82$, $p = .05$, $\eta^2 = .05$. Dieser Haupteffekt bedeutet, dass die Imagination der Fremdgruppe eine positivere Beurteilung der Qualität des imaginierten Kontakts zufolge hatte ($M = 5.85$, $SD = 0.91$) als die Imagination der Eigengruppe ($M = 5.33$, $SD = 1.34$). Des Weiteren war für den Faktor IIK *Qualität* ein Haupteffekt zu finden, $F(1, 76) = 7.12$, $p = .01$, $\eta^2 = .09$. Die Vpn, die eine positive Qualität imaginiert hatten ($M = 5.94$, $SD = 1.06$), bewerteten die Qualität der Imagination besser als die Vpn, die eine neutrale Qualität imaginiert hatten ($M = 5.25$, $SD = 1.18$). Zwischen den experimentellen Bedingungen IIK *Gruppe* und IIK *Qualität* war kein signifikanter

Interaktionseffekt zu finden, $F(1, 76) = 0.01$, $p = .92$, $\eta^2 < .001$. Insgesamt wurde die Qualität der Imagination als hoch bewertet, eine Imagination in positiver Qualität bewerteten die Vpn als positiver als eine Imagination in neutraler Qualität.

Tabelle 2

Manipulationscheck: Mittelwerte und Standardabweichungen der AVn

Experimentalbedingung	IIK FG[1]		IIK FG[2]		IIK FG[3]		IIK FG[4]	
Abhängige Variable	M	SD	M	SD	M	SD	M	SD
Lebhaftigkeit der Imagination	4.80	1.29	5.20	0.79	4.88	1.09	5.44	1.33
Bewertung der imaginierten Kont.	5.92	0.87	6.25	0.79	5.10	1.57	5.89	1.23
Qualität des imaginierten Kontakts	5.53	0.94	6.18	0.76	5.00	1.34	5.71	1.27

Anmerkungen. FG[1] = neutrale Imagination der Fremdgruppe. FG[2] = positive Imagination der Fremdgruppe. FG[3] = neutrale Imagination der Eigengruppe. FG[4] = positive Imagination der Eigengruppe.

4.1.2. Nach IIK

Im Anschluss an den Manipulationscheck wurden die *Kontaktintention*, das *Kontaktinteresse* und der Moderator *Kontakterfahrung* erhoben. In der Tabelle 3 sind die Mittelwerte und Standardabweichungen der AVn zu finden.

Tabelle 3

Mittelwerte und Standardabweichungen der AVn nach IIK

Experimentalbedingung	IIK FG[1]		IIK FG[2]		IIK FG[3]		IIK FG[4]	
Abhängige Variablen	M	SD	M	SD	M	SD	M	SD
Kontaktintention	5.26	1.43	4.64	1.14	4.41	1.34	4.44	1.62
Kontaktinteresse	4.00	1.39	3.67	1.45	3.69	1.45	3.72	1.73
Kontakterfahrung	2.53	0.81	1.83	0.62	2.43	0.93	2.44	0.92

Anmerkungen. FG[1] = neutrale Imagination der Fremdgruppe. FG[2] = positive Imagination der Fremdgruppe. FG[3] = neutrale Imagination der Eigengruppe. FG[4] = positive Imagination der Eigengruppe.

4.1.3. Nach IIK und RIK

Nach RIK wurde als erstes die *Subjektive Qualität des RIK* erhoben. Die Vpn und die Konföderierte empfanden die Qualität im Intergruppenkontakt durchschnittlich als hoch ($M = 6.07$, $SD = 1.11$, $N = 76$). Die Mittelwerte und Standardabweichungen der sieben AVn zur Erfassung der Qualität des realen Intergruppenkontakts sind getrennt nach Experimentalbedingungen in der Tabelle 4 zu finden: Zusätzlich sind die Mittelwerte und Standardabweichungen der beiden Rater getrennt von einander aufgeführt. Für die Bewertung der *Qualität des RIK* lagen zur Analyse 75 Videoaufzeichnungen vor, ein Video konnte aufgrund technischer Probleme nicht ausgewertet werden. Die *Qualität des RIK* wurde durchschnittlich als hoch bewertet.

Tabelle 4

Mittelwerte und Standardabweichungen der AVn nach IIK und RIK

Experimentalbedingung	IIK FG^1		IIK FG^2		IIK FG^3		IIK FG^4	
Abhängige Variablen	M	SD	M	SD	M	SD	M	SD
Subjektive Kontaktqualität der Vpn	6.33	0.67	6.30	0.72	6.11	0.84	6.51	0.50
Subjektive Kontaktqualität der K	6.05	1.63	5.65	1.37	5.82	1.70	5.83	1.39
Beurteilung der Konföderierten	6.22	0.61	6.34	0.64	6.20	0.69	6.31	0.71
Beurteilung der Vpn	6.01	1.66	5.48	1.61	5.67	1.74	5.61	1.56
Selbstoffenbarung	23.83	2.81	24.18	1.33	24.00	1.82	23.72	1.45
Häufigkeit der Fragen	7.39	2.77	11.00	3.40	10.29	4.21	8.72	3.75
Qualität des RIK	5.30	1.07	5.39	0.62	5.30	0.82	5.32	0.65
Qualität des RIK Rater 1	5.00	0.90	5.11	0.42	5.01	0.62	5.05	0.49
Qualität des RIK Rater 2	5.61	1.29	5.67	0.86	5.58	1.05	5.60	0.90

Anmerkungen. FG^1 = neutrale Imagination der Fremdgruppe. FG^2 = positive Imagination der Fremdgruppe. FG^3 = neutrale Imagination der Eigengruppe. FG^4 = positive Imagination der Eigengruppe. Vpn = Versuchsperson. K = Konföderierte. RIK = Realer Intergruppenkontakt.

4.2. Kontakterfahrung

Durchschnittlich hatten die Vpn ein bis zwei nahestehende Kontakte zu der Fremdgruppe ($M = 2.32$, $SD = 0.86$, $N = 76$). Lediglich neun Vpn (11.84%) hatten keine Kontakte zu der Fremdgruppe. Zwischen den Faktoren IIK *Gruppe* und IIK *Qualität* gab es keine signifikanten Unterschiede, eine Varianzanalyse zeigte keinen Haupteffekt des Faktors IIK *Gruppe*, $F(1, 72) = 1.80$, $p = .18$, $\eta^2 = .02$ und keinen Haupteffekt des Faktors IIK *Qualität*, $F(1, 72) = 3.14$, $p = .08$, $\eta^2 = .04$. Die Vpn hatten lediglich tendenziell in der experimentellen Bedingung IIK *neutral* höhere Kontakterfahrungen ($M = 2.48$, $SD = 0.86$, $N = 76$) als in der experimentellen Bedingung IIK *positiv* ($M = 2.14$, $SD = 0.83$, $N = 76$).

Eine Varianzanalyse der Faktoren IIK *Gruppe* und IIK *Qualität* zeigte keine signifikante Interaktion, $F(1, 72) = 3.44$, $p = .07$, $\eta^2 = .05$. Tendenziell zeigte sich, dass die meisten Kontakterfahrungen in der Bedingung IIK *Fremdgruppe neutral* bestanden ($M = 2.53$, $SD = 0.81$) und die geringsten Kontakterfahrungen in der Bedingung IIK *Fremdgruppe positiv* ($M = 1.83$, $SD = 0.62$). Zusammengefasst waren in den Kontakterfahrungen der Vpn statistisch keine signifikanten Unterschiede zwischen den vier Experimentalbedingungen zu finden.

4.3. Prüfung der Hypothesen

Die Hypothesen wurden mittels hierarchisch moderierten Regressionsanalysen geprüft. Als 1. Hypothese wurde aufgestellt, dass IIK positive Auswirkungen auf die Kontaktintentionen und das Kontaktinteresse zeigt. Darüber hinaus wurde als 2. Hypothese aufgestellt, dass IIK positive Auswirkungen auf die Qualität des nachfolgenden RIK zeigt. Die 3. Hypothese beinhaltete, dass bei höherer Qualität von IIK die positiven Effekte auf die objektive und subjektiv wahrgenomme Qualität des nachfolgenden realen Kontakts stärker ausfallen. Als 4. Hypothese wurde angenommen, dass Personen mit höheren

Kontakterfahrungen stärker von Imaginiertem Intergruppenkontakt profitieren als Personen mit geringen Kontakterfahrungen.

Der Moderator *Kontakterfahrung* wurde in die Regressionsanalysen aufgenommen, um zu prüfen, ob bei vermehrter Kontakterfahrung die angenommenen Effekte stärker ausfallen. Jede Regressionsanalyse beinhaltete den Dummy-kodierten Experimentalfaktor *Gruppe*, wobei die 1 = IIK Fremdgruppe und die 0 = IIK Eigengruppe bedeutete. Ebenfalls wurde der Experimentalfaktor *Qualität* Dummy-kodiert, wobei die 1 = IIK positive Qualität und die 0 = IIK neutrale Qualität repräsentierte. Die Moderatorvariable *Kontakterfahrung* wurde zur Verringerung der Multikollinearität am Mittelwert zentriert (Eid, Gollwitzer & Schmitt, 2010). Als Prädiktoren wurden die Experimentalbedingungen *Gruppe* und die *Qualität* eingesetzt, der Interaktionsterm von Gruppe und Qualität (*Gruppe x Qualität*), der Moderator *Kontakterfahrung*, der Interaktionsterm von Qualität und Kontakterfahrung (*Qualität x Kontakterfahrung*), der Interaktionsterm von Gruppe und Kontakterfahrung (*Gruppe x Kontakterfahrung*) sowie der Interaktionsterm von Gruppe, Qualität und Kontakterfahrung (*Gruppe x Qualität x Kontakterfahrung*).

Hierarchisch moderierte Regressionsanalysen prüften, ob durch die Hinzunahme von Prädiktoren eine höhere Varianz am Kriterium aufgeklärt werden konnte. Jede Regressionsanalyse beinhaltete zwei Schritte: Im 1. Schritt wurden die Faktoren IIK *Gruppe* und IIK *Qualität* sowie der Moderator *Kontakterfahrung* in die Regression aufgenommen. Im 2. Schritt wurden die vier Interaktionsterme eingeführt. Bei signifikanten Interaktionen wurden zur näheren Analyse Simpel-Slopes berechnet. Die Simpel-Slopes wurden für hohe Kontakterfahrungen (1 SD über dem Mittelwert, $M+1\ SD = 3.18$) sowie niedrige Kontakterfahrungen (1 SD unter dem Mittelwert, $M-1\ SD = 1.46$) berechnet.

4.3.1. Kontaktintention nach IIK

In der hierarchisch moderierten Regressionsanalyse mit dem Kriterium *Kontaktintention* klärte das erste Modell einen signifikanten Anteil der Varianz auf, $R^2 = .11$, $F(2, 73) = 2.89$, $p = .04$. Einen signifikanten Haupteffekt zeigte der Bedingungsfaktor IIK *Gruppe* ($b = 0.64$, $SE = 0.31$, $p = .05$), die Kontaktintentionen fielen stärker nach imaginiertem Fremdgruppenkontakt aus als nach imaginiertem Eigengruppenkontakt. Das Weiteren zeigte der Moderator *Kontakterfahrung* einen signifikanten Haupteffekt ($b = 0.41$, $SE = 0.19$, $p = .03$): Je mehr reale Kontakterfahrungen die Vpn mit der Fremdgruppe hatte, desto stärker waren ihre Kontaktintentionen. Der Bedingungsfaktor IIK *Qualität* war nicht signifikant ($b = -0.15$, $SE = 0.32$, $p = .64$). Die Aufnahme der weiteren Interaktionen im Modell 2 führte zu keiner weiteren Aufklärung der Varianz am Kriterium, $\Delta R^2 = .02$, $F(1, 72) = 0.35$, $p = .85$ (alle $ps > .08$). Das Ergebnis der Regressionsanalyse ist auf der nächsten Seite in der Tabelle 5 dargestellt.

Tabelle 5

Hierarchisch moderierte Regressionsanalyse zur Vorhersage der Kontaktintention nach IIK durch die Bedingungen und die Kontakterfahrung

Modell	Prädiktoren	B	SE	R^2	ΔR^2
Modell 1	Gruppe	0.64*	0.31	.11*	
	Qualität	-0.15	0.32		
	Kontakterfahrung	0.41*	0.19		
Modell 2	Gruppe	0.81$^+$	0.45	.13	.02
	Qualität	0.00	0.45		
	Kontakterfahrung	0.18	0.33		
	Gruppe x Qualität	-0.17	0.69		
	Gruppe x Kontakterfahrung	0.17	0.52		
	Qualität x Kontakterfahrung	0.30	0.49		
	Gruppe x Qualität x Kontakterfahrung	0.14	0.84		

Anmerkungen: $^+p < .10$. *$p < .05$. Gruppe = imaginierte Eigen- oder Fremdgruppe. Qualität = Imagination positiv oder neutral.

4.3.2. Kontaktinteresse nach IIK

Die hierarchisch moderierte Regressionsanalyse mit dem *Kontaktinteresse nach der Imagination* als Kriterium zeigte, dass das erste Modell keinen signifikanten Beitrag zur Varianzaufklärung leistete, $R^2 = .06$, $F(3, 72) = 3.47$, $p = .19$ (alle $ps > .04$). Auch das zweite Modell leistete keinen weiteren Beitrag zur Varianzaufklärung $\Delta R^2 = .01$, $F(4, 68) =$

0.19, p = .94 (alle ps > .26). Die Hypothesen konnten nicht bestätigt werden. Das Ergebnis der Regressionsanalyse ist in der Tabelle 6 dargestellt.

Tabelle 6

Hierarchisch moderierte Regressionsanalyse zur Vorhersage des Kontaktinteresses durch die Bedingungen und die Kontakterfahrung

Modell	Prädiktoren	B	SE	R^2	ΔR^2
Modell 1	Gruppe	0.24	0.34	.06	
	Qualität	0.00	0.34		
	Kontakterfahrung	0.43*	0.20		
Modell 2	Gruppe	0.31	0.48	.07	.10
	Qualität	0.02	0.49		
	Kontakterfahrung	0.41	0.36		
	Gruppe x Qualität	0.10	0.75		
	Gruppe x Kontakterfahrung	-0.20	0.57		
	Qualität x Kontakterfahrung	0.02	0.54		
	Gruppe x Qualität x Kontakterfahrung	0.61	0.91		

Anmerkungen: *p < .05. Gruppe = imaginierte Eigen- oder Fremdgruppe. Qualität = Imagination positiv oder neutral.

4.3.3. Subjektive Kontaktqualität der Vpn

In der Regressionsanalyse mit dem Kriterium *Subjektive Kontaktqualität der Vpn* war das erste Modell signifikant, $R^2 = .15$, $F(3, 72) = 4.09$, $p = .01$. Der Faktor IIK *Gruppe* war nicht signifikant ($b = 0.09$, $SE = 0.15$, $p = .58$), der Faktor IIK *Qualität* leistete tendenziell einen signifikanten Beitrag ($b = 0.29$, $SE = 0.16$, $p = .07$). Dieses deutet an, dass die Imagination in positiver Qualität die subjektive Kontaktqualität der Vpn während RIK verbessert, im Gegensatz zu neutral imaginiertem Kontakt. Der Moderator *Kontakterfahrung* war signifikant ($b = .30$, $SE = .09$, $p < .01$). Dieser Effekt zeigt: Je höher die Kontakterfahrungen der Vpn mit der Fremdgruppe waren, desto positiver fiel ihre subjektive Kontaktqualität aus. Die Hinzunahme der Interaktionsterme im zweiten Modell verbesserte die Vorhersage des Modells nicht signifikant, $\Delta R^2 = .07$, $F(4, 68) = 1.45$, $p = .23$ (alle $ps > .07$). Die Ergebnisse sind in Tabelle 7 dargestellt.

Tabelle 7

Hierarchisch moderierte Regressionsanalyse zur Vorhersage der subjektiven Kontaktqualität der Vpn durch die Bedingungen und die Kontakterfahrung

Modell	Prädiktoren	B	SE	R^2	ΔR^2
Modell 1	Gruppe	0.09	0.15	.15*	
	Qualität	0.29[+]	0.16		
	Kontakterfahrung	0.30**	0.09		
Modell 2	Gruppe	0.12	0.21	.21*	.07
	Qualität	0.39[+]	0.21		
	Kontakterfahrung	0.12	0.16		
	Gruppe x Qualität	-0.02	0.33		
	Gruppe x Kontakterfahrung	0.43[+]	0.25		
	Qualität x Kontakterfahrung	0.02	0.23		
	Gruppe x Qualität x Kontakterfahrung	0.04	0.40		

Anmerkungen: [+]$p < .10$. *$p < .05$. **$p < .01$. Gruppe = imaginierte Eigen- oder Fremdgruppe. Qualität = Imagination positiv oder neutral.

4.3.4. Subjektive Kontaktqualität der Konföderierten

Die hierarchische Regression mit dem Kriterium *Subjektive Kontaktqualität der Konföderierten* zeigt ein nicht signifikantes erstes Modell, $R^2 = .08$, $F(3,72) = 1.99$, $p = .12$. Auch die Hinzunahme der weiteren Interaktionen führte zu keiner signifikanten

Varianzaufklärung (alle $ps > .21$), $\Delta R^2 = .03$, $F(4, 68) = 0.47$, $p = .76$. Die Hypothesen konnten nicht bestätigt werden. Die Regressionsanalyse ist in der Tabelle 8 dargestellt.

Tabelle 8

Hierarchisch moderierte Regressionsanalyse zur Vorhersage der subjektiven Kontaktqualität der Konföderierten durch die Bedingungen und die Kontakterfahrung

Modell	Prädiktoren	B	SE	R^2	ΔR^2
Modell 1	Gruppe	0.15	0.34	.08	
	Qualität	-0.03	0.35		
	Kontakterfahrung	0.49*	0.21		
Modell 2	Gruppe	0.06	0.49	.10	.03
	Qualität	0.01	0.49		
	Kontakterfahrung	0.27	0.36		
	Gruppe x Qualität	0.05	0.76		
	Gruppe x Kontakterfahrung	0.72	0.57		
	Qualität x Kontakterfahrung	0.03	0.54		
	Gruppe x Qualität x Kontakterfahrung	-0.48	0.91		

Anmerkungen: *$p < .05$. Gruppe = imaginierte Eigen- oder Fremdgruppe. Qualität = Imagination positiv oder neutral.

4.3.5. Beurteilung der Konföderierten

In der Regressionsanalyse zur *Beurteilung der* Konföderierten, wie die Vpn die Konföderierte wahrnahm, klärte das erste Modell tendenziell Varianz auf, $R^2 = .09$, $F(3, 72) = 2.44$, $p = .07$, der Moderator *Kontakterfahrung* war signifikant ($b = .23$, $SE = .09$, $p = .01$). Der Effekt deutet an: Je mehr Kontakterfahrungen die Vpn mit der Fremdgruppe hatte, desto positiver nahm sie die Konföderierte wahr. Die Bedingungsfaktoren IIK *Gruppe* und IIK *Qualität* waren nicht signifikant (beide $ps > .19$). Im zweiten Schritt leistete die Aufnahme der Interaktionsterme keinen weiteren signifikanten Beitrag zur Varianzaufklärung (alle $ps > .20$), $\Delta R^2 = .04$, $F(4, 68) = 0.70$, $p = .60$. Die Ergebnisse der Regressionsanalyse sind in der Tabelle 9 dargestellt. Die Hypothesen konnten für die AV *Beurteilung der Konföderierten* nicht bestätigt werden, tendenziell hatten die *Kontakterfahrungen* der Vpn einen positiven Einfluss ihre Beurteilung hatten.

Tabelle 9

Hierarchisch moderierte Regressionsanalyse zur Vorhersage der Beurteilung der Konföderierten durch die Bedingungen und die Kontakterfahrung

Modell	Variablen	B	SE	R^2	ΔR^2
Modell 1	Gruppe	0.08	0.15	.09[+]	
	Qualität	0.19	0.15		
	Kontakterfahrung	0.23*	.09		
Modell 2	Gruppe	-0.06	0.21	.13	.04
	Qualität	0.11	0.21		
	Kontakterfahrung	0.15	0.16		
	Gruppe x Qualität	0.27	0.32		
	Gruppe x Kontakterfahrung	0.32	0.24		
	Qualität x Kontakterfahrung	-0.03	0.23		
	Gruppe x Qualität x Kontakterfahrung	-0.12	0.39		

Anmerkungen: [+]$p < .10$. *$p < .05$. Gruppe = imaginierte Eigen- oder Fremdgruppe. Qualität = Imagination positiv oder neutral.

4.3.6. Beurteilung der Vpn

Das erste Modell der Analyse zur *Beurteilung der Vpn*, wie die Konföderierte die Vpn wahrnahm, war tendenziell signifikant, $R^2 = .09$, $F(3, 72) = 2.27$, $p = .09$. Der Moderator *Kontakterfahrung* hatte einen signifikanten Haupteffekt ($b = .54$, $SE = .22$, $p = .02$): Die *Konföderierte* nahm die Vpn umso positiver wahr, je mehr reale

Kontakterfahrungen die *Vpn* mit der Fremdgruppe hatte. Die beiden Bedingungsfaktoren IIK *Gruppe* ($b = .25$, $SE = .37$, $p = .50$) und IIK *Qualität* ($b = -0.11$, $SE = .37$, $p = .77$) leisteten keinen signifikanten Beitrag zur Aufklärung der Varianz am Kriterium. Die Aufnahme der Interaktionsterme im zweiten Schritt leistete keinen weiteren signifikanten Beitrag zur Aufklärung der Varianz, $\Delta R^2 = .03$, $F(4, 68) = 0.56$, $p = .70$ (alle *ps* > .18), siehe Tabelle 10. Die Hypothesen konnten nicht bestätigt werden, wobei tendenziell die *Kontakterfahrungen* der Vpn einen positiven Einfluss auf die Beurteilung hatten.

Tabelle 10

Hierarchisch moderierte Regressionsanalyse zur Vorhersage der Beurteilung der Vpn durch die Bedingungen und die Kontakterfahrung

Modell	Prädiktoren	B	SE	R^2	ΔR^2
Modell 1	Gruppe	0.25	0.37	.09[+]	
	Qualität	-0.11	0.37		
	Kontakterfahrung	0.54*	0.22		
Modell 2	Gruppe	0.15	0.52	.12	.03
	Qualität	-0.07	0.52		
	Kontakterfahrung	0.26	0.39		
	Gruppe x Qualität	0.12	0.81		
	Gruppe x Kontakterfahrung	0.82	0.61		
	Qualität x Kontakterfahrung	0.07	0.57		
	Gruppe x Qualität x Kontakterfahrung	-0.41	0.97		

Anmerkungen: [+]$p <.10$. *$p <.05$. Gruppe = imaginierte Eigen- oder Fremdgruppe. Qualität = Imagination positiv oder neutral.

4.3.7. Selbstoffenbarung der Vpn

Mit dem Kriterium *Selbstoffenbarung der Vpn* zeigte die hierarchisch moderierte Regressionsanalyse kein signifikantes erstes Modell, $R^2 = .05$, $F(3, 70) = 1.26$, $p = .30$ (alle $ps > .06$). Die weitere Aufnahme der Interaktionen leisteten keinen weiteren signifikanten Beitrag zur Varianzaufklärung $\Delta R^2 = .09$, $F(4, 66) = 1.66$, $p = .17$ (alle $ps > .04$). Die

Hypothesen konnten für die AV *Selbstoffenbarung der Vpn* nicht bestätigt werden, siehe Tabelle 11.

Tabelle 11

Hierarchisch moderierte Regressionsanalyse zur Vorhersage der Selbstoffenbarung der Vpn durch die Bedingungen und die Kontakterfahrung

Modell	Prädiktoren	B	SE	R^2	ΔR^2
Modell 1	Gruppe	0.22	0.45	.05	
	Qualität	0.20	0.45		
	Kontakterfahrung	0.52[+]	0.27		
Modell 2	Gruppe	-0.65	0.63	.14	.09
	Qualität	-0.29	0.61		
	Kontakterfahrung	0.15	0.45		
	Gruppe x Qualität	1.60[+]	0.96		
	Gruppe x Kontakterfahrung	1.56*	0.76		
	Qualität x Kontakterfahrung	0.08	0.67		
	Gruppe x Qualität x Kontakterfahrung	-0.78	1.17		

Anmerkungen: [+]$p < .10$. *$p < .05$. Gruppe = imaginierte Eigen- oder Fremdgruppe. Qualität = Imagination positiv oder neutral.

4.3.8. Anzahl Fragen der Versuchsperson

In der Regressionsanalyse mit dem Kriterium *Anzahl Fragen der Vpn* leistete das erste Modell keinen signifikanten Beitrag zur Varianzaufklärung, $R^2 = .02$, $F(3, 71) = 0.53$, $p = .66$ (alle *ps* > .26). Einen signifikanten Beitrag zur Varianzaufklärung zeigte das zweite Modell, $\Delta R^2 = .16$, $F(4, 67) = 3.37$, $p = .01$. Der Bedingungsfaktor IIK *Gruppe* hatte einen signifikanten Haupteffekt ($b = -2.94$, $SE = 1.21$, $p = .02$), der zeigte, dass die Vpn mehr Fragen stellte, wenn sie zuvor die Eigengruppe imaginiert hatte. Ein weiterer signifikanter Prädiktor war die Interaktion der Bedingungsfaktoren IIK *Gruppe x Qualität* ($b = 4.97$, $SE = 1.84$, $p = .01$). Alle weiter hinzugefügten Prädiktoren leisteten keinen signifikanten Beitrag (alle *ps* > .16). Die Ergebnisse der Regressionsanalyse sind in der Tabelle 12 dargestellt.

Tabelle 12

Hierarchisch moderierte Regressionsanalyse zur Vorhersage der Anzahl der gestellten Fragen der Vpn durch die Bedingungen und die Kontakterfahrung

Modell	Prädiktoren	B	SE	R^2	ΔR^2
Modell 1	Gruppe	-0.35	0.89	.15	
	Qualität	1.04	0.91		
	Kontakterfahrung	0.30	0.54		
Modell 2	Gruppe	-2.94*	1.21	.43*	.16*
	Qualität	-1.67	1.17		
	Kontakterfahrung	0.78	0.87		
	Gruppe x Qualität	4.97**	1.84		
	Gruppe x Kontakterfahrung	-0.33	1.47		
	Qualität x Kontakterfahrung	0.79	1.28		
	Gruppe x Qualität x Kontakterfahrung	-2.17	2.24		

Anmerkungen: *$p < .05$. **$p < .01$. Gruppe = imaginierte Eigen- oder Fremdgruppe. Qualität = Imagination positiv oder neutral.

Die signifikante Interaktion IIK *Gruppe x Qualität* ist in Abbildung 1 dargestellt. Tendenziell stellten die Vpn mehr Fragen nach positiv imaginiertem Fremdgruppenkontakt ($M = 11.00$, $SD = 3.40$, $n = 18$) als nach positiv imaginiertem Eigengruppenkontakt ($M = 8.72$, $SD = 3.75$, $n = 18$), der Unterschied war jedoch nur tendenziell signifikant $t(34) = -1.91$, $p = .07$. Die Anzahl der gestellten Fragen der Vpn unterschieden sich nicht bei positiv imaginiertem Fremdgruppenkontakt vs. neutral imaginiertem Fremdgruppenkontakt ($M = 7.39$, $SD = 2.77$, $n = 19$), $t(35) = 0.24$, $p = .81$. Auch unterschied sich die Anzahl der gestellten Fragen nicht signifikant nach neutral imaginierter Eigengruppe vs. neutral imaginierter Fremdgruppe, $t(38) = 0.41$, $p = .69$. Zudem stellte die Vpn nicht unterschiedlich viele Fragen nach neutral imaginiertem Eigengruppenkontakt ($M = 10.29$, $SD = 4.21$, $n = 21$) vs. positiv imaginiertem Eigengruppenkontakt, $t(37) = 1.22$, $p = .23$.

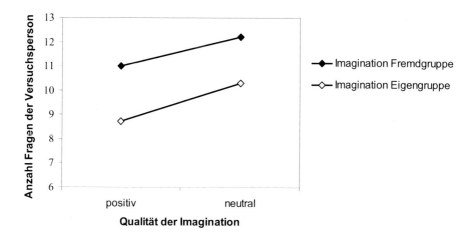

Abbildung 1. Interaktionsdiagramm von Gruppe und Qualität auf die gestellten Fragen der Versuchsperson.

4.3.9. Qualität des RIK

Die Regressionsanalyse zur Vorhersage der *Qualität des RIK* hat ergeben, dass das erste Modell einen signifikanten Beitrag zur Varianzaufklärung leistete, $R^2 = .14$, $F(3, 70) = 3.38$, $p = .01$. Der Moderator *Kontakterfahrung* war signifikant ($b = .36$, $SE = .11$, $p = .001$). Der Effekt zeigt an: Je mehr Kontakterfahrungen die Vpn mit der Fremdgruppe hatte, desto positiver fiel die Kontaktqualität aus. Die beiden Bedingungsfaktoren leisteten keinen signifikanten Beitrag zur Vorhersage der Kontaktqualität, IIK *Gruppe* ($b = .10$, $SE = .18$, $p = .58$) und IIK *Qualität* ($b = .19$, $SE = .18$, $p < .30$). Die Hinzunahme der Interaktionsterme verbesserte tendenziell die Varianzaufklärung am Kriterium, $\Delta R^2 = .10$, $F(4, 66) = 2.21$, $p = .08$, wobei die Interaktion *Gruppe x Kontakterfahrung* einen signifikanten Prädiktor darstellte ($b = .77$, $SE = .30$, $p = .01$). Marginal signifikant war in diesem Modell die dreifach-Interaktion *Gruppe x Qualität x Kontakterfahrung* ($b = -.85$, $SE = .46$, $p = .07$). Es waren keine weiteren Prädiktoren signifikant (alle $ps > .21$). Die hierarchische Regressionsanalyse ist in Tabelle 13 einzusehen.

Tabelle 13

Hierarchisch moderierte Regressionsanalyse zur Vorhersage der Qualität des RIK durch die Bedingungen und die Kontakterfahrung

Modell	Prädiktoren	B	SE	R^2	ΔR^2
Modell 1	Gruppe	0.10	0.18	.14*	
	Qualität	0.19	0.18		
	Kontakterfahrung	0.36**	0.11		
Modell 2	Gruppe	-0.26	0.25	.24**	.10⁺
	Qualität	0.01	0.24		
	Kontakterfahrung	0.21	0.18		
	Gruppe x Qualität	0.47	0.37		
	Gruppe x Kontakterfahrung	0.77*	0.30		
	Qualität x Kontakterfahrung	0.09	0.26		
	Gruppe x Qualität x Kontakterfahrung	-0.85⁺	0.46		

Anmerkungen: ⁺$p < .10$. *$p < .05$. **$p < .01$. Gruppe = imaginierte Eigen- oder Fremdgruppe. Qualität = Imagination positiv oder neutral.

Um die gefundenen Interaktionseffekte genauer zu prüfen, wurden Simpel-Slopes-Analysen für die Werte +/- 1 SD vom Mittelwert des Moderators *Kontakterfahrung* berechnet. In den Simpel-Slopes für die signifikante Interaktion *Gruppe x Kontakterfahrung* waren keine signifikanten Effekte für die *Qualität des RIK* zu finden. Den Analysen zufolge hatte imaginierter Fremdgruppenkontakt weder bei Personen mit hoher Kontakterfahrung (+1 SD vom Mittelwert) einen Effekt, $t(72) = 0.44$, $p = .66$, noch bei Personen mit geringer Kontakterfahrung (-1 SD vom Mittelwert), $t(72) = -0.94$, $p = .34$. Die Abbildung 2 zeigt, dass die Qualität des RIK für Personen mit hoher Kontakterfahrung nicht in Abhängigkeit von der imaginierten Gruppe variierte. Tendenziell deutet sich jedoch an, dass die Qualität des RIK bei geringen Kontakterfahrungen nach imaginiertem Fremdgruppenkontakt negativer bewertet wurde, als bei geringen Kontakterfahrungen nach imaginiertem Eigengruppenkontakt.

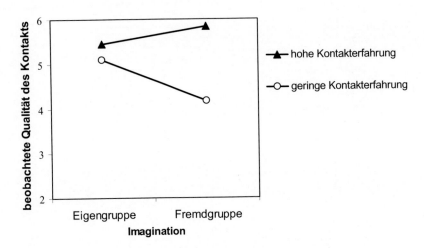

Abbildung 2. Simpel-Slopes für die Qualität des RIK, vorhergesagt durch die Imagination der Eigen- und Fremdgruppe bei hoher Kontakterfahrung (+1 SD) und geringer Kontakterfahrung (-1 SD).

Die marginal signifikante Interaktion *Gruppe x Qualität x Kontakterfahrung* ($p = .07$) wurde mit Simpel-Slopes näher analysiert. Es zeigte sich kein signifikanter Effekt auf die Qualität des RIK, weder bei hoher Kontakterfahrung noch bei niedriger Kontakterfahrung (alle *ps* > .45). In Abbildung 3 ist erkennbar, dass neutral und positiv imaginierter Eigengruppenkontakt sowie positiv imaginierter Fremdgruppenkontakt keine unterschiedlichen Wirkungen auf die Qualität des RIK haben, unabhängig von den Kontakterfahrungen der Vpn. Die Abbildung deutet an, dass bei geringen Kontakterfahrungen und neutraler Imagination der Fremdgruppe die *Qualität des RIK* negativer bewertet wurde als alle anderen Bedingungen.

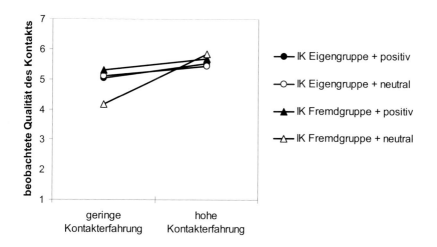

Abbildung 3. Simpel-Slopes für die Qualität des RIK, vorhergesagt durch die Imagination der Eigen- und Fremdgruppe in positiver und neutraler Qualität bei hoher Kontakterfahrung (+1 SD) und geringer Kontakterfahrung (-1 SD). IK = imaginierter Kontakt.

5. Diskussion

Das Ziel dieser Studie war zu untersuchen, ob Imaginierter Intergruppenkontakt Auswirkungen auf die Qualität realer Intergruppenkontakte zeigt. Für diese Untersuchung imaginierten die Versuchspersonen zwei Kontaktszenarien, entweder mit einem Eigengruppenmitglied oder einem Fremdgruppenmitglied in neutraler oder positiver Qualität. Danach interagierten sie für einige Minuten tatsächlich mit einem

Fremdgruppenmitglied aus der imaginierten Zielgruppe, indem ein Intergruppenkontakt mit einer türkischen Konföderierten hergestellt wurde. Für die Bewertung des realen Intergruppenkontakts wurden subjektive und objektive Daten ausgewertet.

Es wurde davon ausgegangen, dass IIK positive Auswirkungen auf die Kontaktintentionen und das Kontaktinteresse zeigt. Darüber hinaus wurde angenommen, dass IIK Auswirkungen auf die Qualität des nachfolgenden realen Intergruppenkontakts hat. Weiterhin wurde angenommen: Je positiver die Qualität des Imaginierten Intergruppenkontakts ist, desto größer sind die positiven Effekte auf die objektive und subjektiv wahrgenomme Qualität des nachfolgenden realen Kontakts. Des Weiteren wurde davon ausgegangen, dass Personen mit höheren Kontakterfahrungen stärker von Imaginiertem Intergruppenkontakt profitieren als Personen mit geringen Kontakterfahrungen.

Die Ergebnisse dieser Studie stützten die Hypothesen größtenteils nicht. Gezeigt hat sich, dass die Imagination eines Fremdgruppenkontakts die Kontaktintentionen verstärkte, im Gegensatz zur Imagination eines Eigengruppenkontakts. Auf das Kontaktinteresse wirkte sich IIK nicht aus.

Auf keinem der erhobenen Maße zeigte sich, dass IIK zu einer größeren beobachtbaren und subjektiv erlebten positiveren Qualität von RIK führt. Dahingegen zeigte sich, dass die Vpn mehr Fragen stellte, wenn sie zuvor die Eigengruppe imaginierte. Detaillierter betrachtet konnte in der Tendenz gezeigt werden, dass die Vpn mehr Fragen nach positiv imaginiertem Fremdgruppenkontakt stellte als nach positiv imaginiertem Eigengruppenkontakt. Tendenziell verbesserte eine Imagination in positiver Qualität die subjektive Kontaktqualität der Vpn während RIK.

Vor allem reale Kontakterfahrungen hatten positive Auswirkungen auf die erhobenen Maße. Vermehrte Kontakterfahrungen der Vpn stärkten ihre Kontaktintentionen.

Je mehr Kontakterfahrungen die Vpn hatte, desto positiver fiel ihre subjektive Kontaktqualität während RIK aus und desto positiver fiel die objektiv beobachtete Qualität des RIK aus. Tendenziell bewirkten vermehrte Kontakterfahrungen der Vpn, dass sie die Konföderierte positiver wahrnahm und dass auch die Konföderierte die Vpn positiver wahrnahm.

In der Tendenz wurde bei *geringen* Kontakterfahrungen die objektiv beobachtete Qualität des RIK nach imaginiertem Fremdgruppenkontakt negativer bewertet als bei geringen Kontakterfahrungen nach imaginiertem Eigengruppenkontakt. Es deutete sich an, dass die objektiv beobachtete Qualität des RIK bei geringen Kontakterfahrungen und neutraler Imagination der Fremdgruppe negativer bewertet wurde als alle anderen Bedingungen.

5.1. Auswirkungen von IIK auf Kontaktintention und -interesse

In vorheriger Forschung wurde mehrfach gezeigt, dass die Imagination der Fremdgruppe vermehrte Kontaktintentionen und positive Projektionen auf die Fremdgruppe bewirkt (Crisp & Husnu, 2011; Husnu, & Crisp, 2010a, 2010b, 2011; Stathi & Crisp, 2008). Die Ergebnisse dieser Studie bestätigen diesen Effekt. Nach imaginiertem Fremdgruppenkontakt fielen die Kontaktintentionen stärker aus als nach imaginiertem Eigengruppenkontakt. Bereits Husnu & Crisp (2010) verweisen darauf, dass vermehrte Kontakterfahrungen die Kontaktintentionen erhöhen. Dieses bestätigen die vorliegenden Ergebnisse, bei vermehrten Kontakterfahrungen waren die Kontaktintentionen stärker.

Auffällig ist, dass die experimentellen Bedingungen IIK Gruppe und IIK Qualität kein verstärktes Kontaktinteresse an der Fremdgruppe bewirken konnten. Frühere Forschungsarbeiten zeigten, dass IIK verstärktes Kontaktinteresse an der Fremdgruppe bewirkt (Crisp & Husnu, 2011; Husnu & Crisp, 2010a). Eine Erklärung für die mangelnden

Effekte könnte sein, dass bei der vorliegenden Stichprobe aufgrund vorhandener Kontakterfahrungen das Interesse an der Fremdgruppe bereits erfüllt war. Die meisten Vpn hatten regelmäßige Intergruppenkontakte. Durchschnittlich hatten sie ein bis zwei nahestehende Intergruppenkontakte, d.h. Freunde oder Bekannte der Fremdgruppe. Ein Item des Kontaktinteresses lautete: „Wie viel Zeit möchtest Du in Zukunft damit verbringen, etwas über Türken zu lernen?" Möglicherweise hatten die Teilnehmer bereits genug Wissen über die Fremdgruppe erworben und empfanden es als unnötig, zusätzlich etwas über die Fremdgruppe zu lernen.

5.2. **Auswirkungen von IIK auf RIK**

Vorherige Forschungsergebnisse stellten fest, dass IIK Intergruppenängste abbaut (Turner, Crisp, et al., 2007; West et al., 2011) und Vorurteile gegenüber der Fremdgruppe reduziert (West, Holmes, & Hewstone, 2011). Zudem wurde festgestellt, dass IIK die expliziten und die impliziten Einstellungen gegenüber der Fremdgruppe verbessert (Turner, Crisp, et al., 2007; Turner & Crisp, 2010) und positive Emotionen gegenüber der Fremdgruppe bewirkt (Turner & West, 2011). IIK bewirkt positive Auswirkungen auf das nonverbale Verhalten bei einem antizipierten RIK; gezeigt wurde, dass mehr Nähe zur Fremdgruppe in dem erwarteten Kontakt aufgesucht wurde (Turner & West, 2011). Die Ergebnisse dieser vorliegen Studie zeigten lediglich, dass IIK Auswirkungen auf die Anzahl der gestellten Fragen der Vpn hat. Jedoch wirkte sich IIK *negativ* aus; nach der Imagination der Fremdgruppe stellten die Vpn dem Fremdgruppenmitglied *weniger* Fragen als nach der Imagination der Eigengruppe. Damit zeigten sie weniger Interesse an der Interaktionspartnerin. Die vorhandenen Kontakterfahrungen der Stichprobe könnten die Erklärung dafür sein, dass IIK das Interesse an der Fremdgruppe nicht stärken konnte. IIK hatte bereits keine Auswirkungen auf das Kontaktinteresse. Möglicherweise wurde das mangelnde Kontaktinteresse während RIK durch weniger gestellte Fragen deutlich. In der Tendenz weisen die Ergebnisse darauf hin, dass eine positive Qualität des IIK zu vermehrten Fragen der Vpn führen könnte.

Die Ergebnisse zeigen, dass die Kontakterfahrungen den stärksten positiven Einfluss auf die Qualität des RIK haben. Vorhandene Kontakterfahrungen der Vpn leisteten den bedeutsamsten Anteil zur Aufklärung der Varianz der Qualität des RIK, zwischen 10-15%. Die Kontakterfahrungen wirkten sich auf die subjektive und objektive Qualität des RIK aus: Je mehr Kontakterfahrungen die Vpn hatten, desto positiver nahmen sie subjektiv die Kontaktqualität wahr und desto positiver wurde objektiv die Qualität des RIK beurteilt. Insgesamt haben die Teilnehmer RIK sehr positiv empfunden (*Subjektive Qualität des RIK*: $M = 6.08$, $SD = 1.11$) und die Rater RIK positiv bewertet (*Qualität des RIK*: $M = 5.32$, $SD = 0.80$; jeweils auf einer 7 stufigen Skala). Da Kontakterfahrungen Intergruppenbeziehungen verbessern (Pettigrew & Tropp, 2006; Pettigrew et al., 2011) ist davon auszugehen, dass die Vorurteile der Vpn bereits abgebaut waren. Demzufolge ist es verständlich, dass *vermehrte* Kontakterfahrungen der Vpn tendenziell bewirkten, dass sie die Konföderierte positiver wahrnahm und dass auch die Konföderierte sie positiver bewertete. Schon vorherige Forschungsarbeiten zeigten, dass Kontakterfahrungen insgesamt zu verringerten Vorurteilen führen (Eller & Abrams, 2003), auch ohne die Erfüllung von Allports (1954) optimalen Kontaktbedingungen (Pettigrew & Tropp, 2006). Allgemein könnte in dieser Stichprobe ein Deckeneffekt in den Kontakterfahrungen vorliegen, ca. 90% der Vpn hatten regelmäßige Intergruppenkontakte, lediglich neun Imaginierende hatten keine Kontakterfahrungen mit der Fremdgruppe (11.84%).

Für Personen mit nur wenigen Kontakterfahrungen und imaginiertem Fremdgruppenkontakt wurde in der Tendenz die objektiv beobachtete Qualität des RIK negativer bewertet, als nach imaginiertem Eigengruppenkontakt. Hier zeigte sich, dass die geringen Kontakterfahrungen in der beobachteten Interaktion tendenziell zu erkennen waren. Eine Erklärung dafür könnte sein, dass Personen aufgrund ihrer mangelnden Kontakterfahrung keine kognitiven - & Verhaltensschemata ausbilden konnten und wenig mentale Strukturen darüber besitzen, wie solch ein Kontakt abläuft (Aronson et al., 2008). Vermutlich wussten sie nicht, wie sie sich im realen Intergruppenkontakt verhalten sollen. Bereits Husnu und Crisp (2010) weisen darauf hin, dass die Verfügbarkeit von Skripten bei Vpn mit vermehrten Kontakterfahrungen höher ist.

Des Weiteren deuten die Ergebnisse an, dass bei *geringen* Kontakterfahrungen die neutrale Imagination der Fremdgruppe negative Auswirkungen auf die objektiv beobachtete Qualität des RIK hat. Möglicherweise boten die neutrale Imagination der Fremdgruppe wenige Anregungen für einen positiven RIK. Dafür spricht, dass das neutrale Kontaktszenario aufgrund seiner Neutralität insgesamt kurz gehalten war und wenig Vorstellungsinhalte beinhaltete. Es fehlte z.B. die Anregung: „…hierbei erfährst Du vieles über die Person. Und auch Du erzählst vieles von Dir". Bei geringen Kontakterfahrungen ist von weniger Erinnerungen an die Fremdgruppe auszugehen als bei Personen mit hohen Kontakterfahrungen. Es ist sehr wahrscheinlich, dass Personen mit geringen Kontakterfahrungen und neutraler Imagination der Fremdgruppe wenig vorbereitet in den realen Fremdgruppenkontakt gingen.

Insgesamt ist davon auszugehen, dass bei der vorliegende Stichprobe aufgrund regelmäßiger Intergruppenkontakte bereits Ängste und Vorurteile gegenüber der Fremdgruppe abgebaut waren. Es ist wahrscheinlich, dass insgesamt positive Einstellungen gegenüber der Fremdgruppe bestanden. In diesem Fall hätte IIK, ob in positiver oder neutraler Qualität, nur wenig Möglichkeiten, die Einstellungen der Imaginierenden zu verbessern. In weiteren Arbeiten sollte eine Fremdgruppe gewählt werden, zu der prinzipiell recht wenige Kontakte bestehen.

5.3. Limitationen und Implikationen

In dieser Studie fällt auf, dass nach der Imagination der *Fremdgruppe* die imaginierte Kontaktperson *positiver* bewertet wurde als nach der Imagination der *Eigengruppe*. Diese Bewertung könnte auf sozial erwünschtes Antworten der Imaginierenden hindeuten. Nach der Imagination des Fremdgruppenmitglieds könnte ein Bias entstanden sein, da die Imaginierenden absichtlich nicht vorurteilsbehaftet antworten wollten.

Die Herstellung des Intergruppenkontakts erfolgte, indem jeder Vpn ein Fremdgruppenmitglied zugewiesen wurde. Es bestand somit kein *freiwillig* aufgesuchter Kontakt. Möglich ist, dass ein selbst gewählter Intergruppenkontakt einen anderen Einfluss gehabt hätte. Werden Intergruppenkontakte freiwillig aufgesucht, fallen z.B. negative Auswirkungen eines Kontakts geringer aus (Pettigrew & Tropp, 2011). In folgenden Arbeiten wäre zu untersuchen, wie RIK verläuft, wenn die Imaginierenden frei auswählen können, mit welchem Fremdgruppenmitglied sie interagieren möchten.

Jede interpersonelle Interaktion kann von inneren Faktoren, wie eigenen Handlungsplänen, beeinflusst werden, sowie von äußeren Faktoren, d.h. vorgegebenen Strukturen. Der RIK dieser Studie war durch äußere Faktoren vorstrukturiert. Es bestand eine *asymmetrische Kontingenz* (Jones & Gerard, 1967), bei der eine Person ihre Handlungspläne durchsetzt und damit die andere Person erfolgreich beeinflusst. Die Konföderierte las der Imaginierenden Fragen vor und verfolgte damit innere Faktoren, ihren eigenen Handlungsplan. Sie wurde kaum von den Reaktionen der Vpn beeinflusst. Die Vpn wurde von äußeren Faktoren bestimmt: Sie reagierte auf die Fragen, obwohl die Fragen immer intimer wurden. Nach dem Rollentausch bestand wieder eine asymmetrische Kontingenz, die Vpn war von inneren Faktoren bestimmt und hatte das Ziel, Fragen zu stellen. Ein echter Austausch zwischen Interaktionspartnern wäre eine *wechselseitige*

Kontingenz (Jones & Gerard, 1967), eine Interaktion, während der sie aufeinander eingehen. Dieses würde bedeuten, dass sie sich gegenseitig beeinflussen und gleichzeitig ein gemeinsames Ziel verfolgen. Wichtig wäre es, zukünftig zu untersuchen, wie RIK nach IIK verläuft, wenn eine *wechselseitige Kontingenz* besteht.

In dieser Studie imaginierte lediglich *ein* Fremdgruppenmitglied den Intergruppenkontakt positiv. Häufig ist davon auszugehen, dass *beide* Fremdgruppenmitglieder Vorurteile gegenüber der anderen Gruppe haben. In dieser Studie kann nicht ausgeschlossen werden, dass die Konföderierte Vorurteile gegenüber der Fremdgruppe hatte. Die Einstellungen der Konföderierten wurden nicht erhoben, da sie blind für die Forschungsfrage sein sollte. Die Konföderierte gehörte der Fremdgruppe der Türken an, die in Deutschland eine Minorität darstellt (Woellert et al., 2009). Personen, die einer Minorität angehören, können sich während RIK unwohl fühlen und misstrauisch sein (Pinel, 2002). Dieses kann Auswirkungen auf RIK gehabt haben. Selbst wenn die Konföderierte hohe Kontakterfahrungen mit deutschen Studenten besaß, führen diese nicht unbedingt zu verringerten Vorurteilen. Eine Metaanalyse hat gezeigt, dass bei Minoritäten die Kontakterfahrungen mit der Majorität meist weniger positive Effekte erzielen und Vorurteile wenig verringern (Tropp & Pettigrew, 2005). Möglicherweise ist es für einen erfolgreichen RIK effektiv, wenn *beide* Interaktionspartner vor dem Intergruppenkontakt die Fremdgruppe imaginieren. Noch genauer zu prüfen ist, welche Effekte IIK bei Minoritäten hat; eine erste Studie zeigte, dass Minoritäten nach IIK weniger positive Eigenschaften auf die Fremdgruppe projizieren als Majoritäten (Stathi & Crisp, 2008). In zukünftiger Forschung wäre zu untersuchen, welche Auswirkungen IIK auf RIK zeigt, wenn beide Interaktionspartner zuvor die ihnen entsprechende Fremdgruppe imaginieren.

Es ist möglich, dass es bei der Konföderierten aufgrund der über 80 Intergruppenkontakte mit der Zeit zu Übungs- oder Ermüdungseffekten gekommen ist. Ihre

Aufgabe war, während jeder Interaktion dieselben Fragen so vorzulesen, als sähe sie die Fragen zum 1. Mal. Es kann nicht ausgeschlossen werden, dass diese Wiederholungen negative Auswirkungen auf die interne Validität des Experiments hatte. Zudem sollten in zukünftigen Studien sowohl männliche als auch weibliche Konföderierte eingesetzt werden, da es möglich und wahrscheinlich ist, dass die Vpn auf einen männlichen Konföderierten anders reagiert hätten. Möglicherweise bestand aufgrund des weiblichen Geschlechts der Konföderierten eine zu große Homogenität während RIK in dieser Studie.

Zur Bewertung der Qualität des RIK wurde in dieser Studie als Forschungsmethode die offene Beobachtung per Videoaufzeichnung gewählt. Möglich ist, dass durch die Videoaufzeichnung ein Reaktivitätseffekt (Krohne & Hock, 2007) bei beiden Interaktionspartnern entstanden ist. Es ist nicht auszuschließen, dass ein beobachtetes Verhalten auf reaktive Veränderungen zurückzuführen ist (Greve & Wentura, 1997), wodurch die externe Validität gefährdet sein kann. Möglicherweise verhielten sich beide Interaktionspartner sozial erwünschter, als sie es in einer natürlichen Situation getan hätten, und deswegen verlief die Interaktion insgesamt positiv (*Qualität des RIK*: $M = 5.32$, $SD = 0.80$, auf einer 7-stufigen Skala). Möglich ist jedoch auch, dass sich beide Interaktionspartner schnell an die Videoaufzeichnung gewöhnten und sich auf das Gespräch konzentrierten. Zur Vermeidung von Reaktivitätseffekten könnte RIK mit verdeckter Beobachtung durchgeführt werden, worauf in dieser Studie verzichtet wurde. Eine verdeckte Beobachtung bringt ethische Probleme mit sich (Hussy, Schreier & Echterhoff, 2010).

Beobachtungsdaten zur Bewertung von Intergruppenkontakten sind valide Methoden zur Datenerhebung (Hewstone, Judd & Sharp, 2011), sie fehlten in bisheriger Forschung zu IIK und RIK. Womöglich war die Auswertung der Videoaufzeichnung nicht detailliert genug, um Effekte zu finden. Es könnten weitere Indikatoren für einen positiven

RIK erhoben werden, wie die tatsächliche Anzahl von Augenkontakten oder Anzahl von Lächeln. Vermeiden Menschen lieber einen bestimmten Fremdgruppenkontakt, neigen sie dazu, weniger Augenkontakt in solch einem Fremdgruppenkontakt zu zeigen als jene, die gerne in Kontakt mit der Fremdgruppe stehen (Ickes, 1984). Dahingegen nehmen Personen vermehrt Augenkontakt auf, wenn sie ihr Gegenüber mögen (Exline & Winters, 1965); es ist ein Zeichen dafür, dass der Interaktionspartner gemocht wird (Kleinke, Meeker & La Fong, 1974).

Die fehlenden Effekte auf die Selbstoffenbarung der Vpn können auf die Messung des Konstrukts zurückzuführen sein. Die Selbstoffenbarung kann nach den Dimensionen *Quantität* und *Qualität* bewertet werden (Collins & Miller, 1994), im Rahmen dieser Studie wurde die *Quantität* der Antwortgabe bewertet. In weiteren Studien könnten zusätzlich die Inhalte der Antworten ausgewertet werden. In einer vertrauten und angenehmen Kontaktsituation mit einem sympathischen Gegenüber ist die Basis für Selbstoffenbarung gegeben (Collins & Miller, 1994; Berg & Wright-Buckley, 1988). Somit könnte die Qualität der Selbstoffenbarung als ein Maß dafür verwendet werden, wie sympathisch und vertraut das Fremdgruppenmitglied ist.

In dieser Studie ist zu berücksichtigen, dass die Stichprobe größtenteils aus Studenten bestand (88.2 %), durchschnittlich waren die Teilnehmer der Studie 26 Jahre. Es könnte sein, dass Studenten gegenüber der Fremdgruppe der Türken eher liberal eingestellt sind als beispielsweise etwas ältere Erwachsene. Die Ergebnisse können aufgrund dessen nicht auf alle Personen generalisiert werden. Idealerweise schließen sich nachfolgende Forschungsarbeiten an, die eine breitere Stichprobe untersuchen.

Statistisch ist zu berücksichtigen, dass signifikante Interaktionen gefunden wurden, die Simple-Slopes Analysen jedoch keinen weiteren Beitrag zur Aufklärung leisteten. Dieses ist ein Zeichen dafür, dass die Kontakterfahrungen nicht normal verteilt waren.

Geringe Kontakterfahrungen bedeuteten ein gewisses Ausmaß an Intergruppenkontakten (ca. ein Freund oder Bekannter), hohe Kontakterfahrungen drei bis vier Freunde oder Bekannte. In der vorliegenden Studie gingen 76 Vpn in die Analyse ein, diese Stichprobenanzahl ist für die vier experimentellen Bedingungen gut. Jedoch besaß die Studie eine Power (1-beta) = 0.11, $F(7, 68) = 2.15$, bei der kleine Effekte von IIK möglicherweise nicht erkennbar waren. Dieses könnte ein weiterer Grund dafür sein, dass trotz der signifikanten Interaktionen die Simpel-Slopes Analysen keine weitere Aufklärung lieferten. Insbesondere bei der Untersuchung von Dreifachinteraktionen sollten deutlich mehr Vpn untersucht werden, um die Effekte von IIK zu finden. Die Umsetzung einer Folgestudie mit einer größeren Stichprobe wäre wünschenswert.

Insbesondere ist in dieser Studie zu berücksichtigen, dass bei den Vpn aufgrund regelmäßiger Intergruppenkontakte Ängste und Vorurteile gegenüber der Fremdgruppe bereits abgebaut gewesen sein könnten. Wahrscheinlich lagen positive Einstellungen gegenüber der Fremdgruppe der Türken vor. In diesem Fall hätte IIK, ob in positiver oder neutraler Qualität, nur noch wenig Möglichkeiten, einen positiven Einfluss auf die Einstellungen der Vpn zu bewirken. Eine Lösung dafür wäre die Wahl einer Fremdgruppe, zu der prinzipiell recht wenige Kontakte bestehen. In zukünftiger Forschung sollten die Auswirkungen von IIK auf die Qualität des RIK anhand von Personen untersucht werden, die geringe oder keine Kontakterfahrungen mit der Fremdgruppe besitzen.

6. Schlussfolgerung

Die vorliegende Studie hat gezeigt, dass die Effekte Imaginierten Intergruppenkontakts nicht eindeutig sind, da insbesondere die vorhandenen realen Kontakterfahrungen der Vpn Auswirkungen auf die erhobenen Maße zeigten. In bisheriger Forschung wurden reale Kontakterfahrungen bei der Untersuchung von IIK bislang kaum berücksichtigt. Die Ergebnisse der vorliegenden Studie zeigen, dass die Kontakterfahrungen bei der Untersuchung von IIK viel stärker berücksichtigt werden sollten. Insgesamt sollten die Auswirkungen des Imaginierten Intergruppenkontakts auf reale Intergruppenkontakte vermehrt in den Fokus der Forschung rücken. Bisher ist mehrfach untersucht, wie IIK auf die Selbstberichte der Vpn wirkt, jedoch nicht, wie sich IIK auf ihr Verhalten auswirkt. Diese Studie ist die erste, die darauf hindeutet, dass für einen Teil von Personen IIK negative Effekte haben kann; nämlich für diejenigen mit geringen Kontakterfahrungen, die von IIK profitieren sollen. Die Ergebnisse sind jedoch nicht eindeutig, zumindest in der Tendenz hatte eine positive Qualität von IIK positive Auswirkungen.

Da es insbesondere bei geringen Kontakterfahrungen indiziert ist, positiv auf Intergruppenkontakte vorzubereiten, sollten in zukünftiger Forschung bei Personen mit geringen Kontakterfahrungen die Auswirkungen von IIK auf RIK weiter untersucht werden. Husnu und Crisp (2010a) stellten fest, dass IIK kein Ersatz für Kontakterfahrungen sein sollte, sondern in Interventionen zur Verbesserung von realen Intergruppenkontakten integriert werden könnte. IIK könnte eine leicht anzuwendende Kontaktform zur Verbesserung realer Intergruppenkontakte sein.

7. Literaturverzeichnis

Abrams, D., Crisp, R. J., Marques, S., Fagg, E., Bedford, L., & Provias, D. (2008). Threat inoculation: Experienced and imagined intergenerational contact prevents stereotype threat effects on older people's math performance. *Psychology and Aging, 23*, 934–939. doi:10.1037/a0014293

Ajzen, I. (1991). The theory of planned behavior. *Organizational Behavior and Human Decision Pocesses, 50*, 179–211.

Allen, T. H., & Honeycutt, J. M. (1997). Planning, imagined interaction, and the nonverbal display of anxiety. *Communication Research, 21*, 64–82. doi:10.1177/009365097024001003

Allport, G. W. (1954). *The nature of prejudice*. Oxford, UK: Addison-Wesley.

Andersson, E., & Moss, T. (2010). Imagery and implementation intention: A randomised controlled trial of interventions to increase exercise behaviour in the general population. *Psychology of Sport and Exercise, 12*, 63–70. doi:10.1016/j.psychsport.2010.07.004

Armitage, C. J., & Conner, M. (2001). Efficacy of the Theory of Planned Behaviour: A metaanalytic review. *British Journal of Social Psychology*, 471–499.

Aronson E., Wilson, T. D., & Akert, R. M. (2008). *Sozialpsychologie*. (6th ed.), München: Pearson Studium.

Bandura, A. (1986). *Social foundations of thought and action: A social cognitive theory*. Englewood Cliffs, New York: Prentice-Hall.

Bandura, A. (1997). *Self-efficacy: The exercise of control*. New York: Freeman.

Berg, J. H., & Wright-Buckley, C. (1988). Effects of racial similarity and interviewer intimacy in a peer counseling analogue. *Journal of counselling psychology, 35*, 377–384.

Cameron, L., Rutland, A., & Brown, R. (2007). Promoting children's positive intergroup attitudes towards stigmatized groups: Extended contact and multiple classification skills training. *International Journal of Behavioral Development, 31*, 454–466. doi:10.1177/0165025407081474

Cameron, L., Rutland, A., Douch, R., & Brown, R. (2006). Changing children's intergroup attitudes toward refugees: Testing different models of extended contact. *Child Development, 5*, 1208–1219.

Chaikin, A. L., & Derlega, V. J. (1976). Self-disclosure. In J.W. Thibaut, J.T. Spence, & R.C. Carson (Eds.), *Contemporary topics in social psychology* (pp. 177–210). Morristown, NJ: General Learning Press.

Clack, B., Dixon, J. & Tredoux, C. (2005). Eating together apart: Patterns of segregation in a multiethnic cafeteria. *Journal of Community & Applied Social Psychology, 15*, 1–16. 10.1002/casp.787

Collins, N., & Miller, L. (1994). Self-disclosure and liking: A meta-analytic review. *Psychological Bulletin, 116*, 457–475.

Crisp, R. J., & Husnu, S. (2011). Attributional processes underlying imagined contact effects. *Group Processes & Intergroup Relations, 14*, 275–287. doi:10.1177/1368430210390721

Crisp, R. J., Husnu, S., Meleady, R., Stathi, S., & Turner, R. N. (2010). From imagery to intention: A dual route model of imagined contact effects. *European Review of Social Psychology, 21*, 188–236. doi:10.1080/10463283.2010.543312

Crisp, R. J., & Turner, R. N. (2009). Can imagined interactions produce positive perceptions? Reducing prejudice through simulated social contact. *American Psychologist, 64*, 231–240. doi:10.1037/a0014718

Davies, K., Tropp, L. R., Aron, A., Pettigrew, T. F., & Wright, S. C. (2011). Cross-group friendships and intergroup attitudes: A meta-analytic review. *Personality and Social Psychology Review, 15*, 332–351. doi:10.1177/1088868311411103

Dixon, J., Durrheim, K., & Tredoux, C. (2005). Beyond the optimal contact strategy: A reality check for the contact hypothesis. *American Psychologist, 60*, 697–711. doi:10.1037/0003-066X.60.7.697

Dovidio, J. F., Eller, A., & Hewstone, M. (2011). Improving intergroup relations through direct, extended and other forms of indirect contact. *Group Processes & Intergroup Relations, 14*, 147–160. doi:10.1177/1368430210390555

Dovidio, J. F., Gaertner, S. E., Kawakami, K., & Hodson, G. (2002). Why can't we just get along? Interpersonal biases and interracial distrust. *Cultural Diversity & Ethnic Minority Psychology, 8*, 88–102. doi:10.1037//1099-9809.8.2.88

Dovidio, J. F., Kawakami, K., & Gaertner, S. L. (2002). Implicit and explicit prejudice and interracial interaction. *Journal of Personality and Social Psychology, 82*, 62–68. doi:10.1037//0022-3514.82.1.62

Dovidio, J. F., Kawakami, K., Johnson, C., Johnson, B., &. Howard A. (1997). On the nature of prejudice: Automatic and controlled processes. *Journal of Experimental Social Psychology, 33*, 510–540.

Eid, M., Gollwitzer, M., & Schmitt, M. (2010). *Statistik und Forschungsmethoden*. Weinheim, Basel: Beltz.

Eller, A., & Abrams, D. (2003). 'Gringos' in mexico: Cross-sectional and longitudinal effects of language school-promoted contact on intergroup bias. *Group Processes & Intergroup Relations, 6*, 55–75. doi:10.1177/1368430203006001012

Ensari, N., & Miller, N. (2002). The out-group must not be so bad after all: The effects of disclosure, typicality, and salience on intergroup bias. *Journal of Personality and Social Psychology, 83*, 313–329. doi:10.1037//0022-3514.83.2.313

Exline, R. V., & Winters, L. C. (1965). Affective relations and mutual glances in dyads. In S. S. Tomkins & C. E. Bard (Eds.), *Affect, cognition, and personality* (pp. 319–350). New York: Springer.

Fehr, B. (2004). Intimacy expectations in same-sex friendships: A prototype interaction-pattern model. *Journal of Personality and Social Psychology, 86*, 265–284. doi:10.1037/0022-3514.86.2.265

Garcia, S. M., Weaver, K., Moskowitz, G. B., & Darley, J. M. (2002). Crowded minds: The implicit bystander effect. *Journal of Personality and Social Psychology, 83*, 843–853. doi:10.1037//0022-3514.83.4.843

Galton, F. (1883). *Inquiries into human faculty and its development*. London: Macmillan.

González, R., & Brown R. (2006). Dual identities in intergroup contact: Group status and size moderate the generalization of positive attitude change. *Journal of Experimental Social Psychology, 42*, 753–767.

Greve, V., & Wentura, D. (1997). *Wissenschaftliche Beobachtung*. Weinheim: Beltz.

Harwood, J., Paolini, S., Joyce, N., Rubin, M., & Arroyo, A. (2011). Secondary transfer effects from imagined contact: Group similarity affects the generalization gradient. *British Journal of Social Psychology, 50*, 180–189. doi:10.1348/014466610X524263

Hewstone, M., Judd, C. M., & Sharp, M. (2011). Do observer ratings validate self-reports of intergroup contact? A round-robin analysis. *Journal of Experimental Social Psychology, 47*, 599–609. doi:10.1016/j.jesp.2010.12.014

Holmes, E. A., Lang, T. J., & Shah, D. M. (2009). Developing interpretation bias modification as a "cognitive vaccine" for depressed mood: Imagining positive events makes you feel better than thinking about them verbally. *Journal of Abnormal Psychology, 118*, 76–88. doi:10.1037/a0012590

Husnu, S., & Crisp R. J. (2011). Current problems and resolutions: Enhancing the imagined contact effect. *Journal of Personality and Social Psychology, 15*, 113–116.

Husnu, S., & Crisp, R. J. (2010a). Elaboration enhances the imagined contact effect. *Journal of Experimental Social Psychology, 46*, 943–950. doi:10.1016/j.jesp.2010.05.014

Husnu, S., & Crisp, R. J. (2010b). Imagined Intergroup Contact: A new technique for encouraging greater inter-ethnic contact in cyprus. *Peace and Conflict: Journal of Peace Psychology, 16*, 97–108. doi:10.1080/10781910903484776

Hussy, Schreier, Echterhoff (2010). *Forschungsmethoden in Psychologie und Sozialwissenschaften*. Heidelberg: Springer.

Ickes, W. (1984). Compositions in Black and White: Determinants of Interaction in Interracial Dyads. *Journal of Personality and Social Psychology, 47*, 330–341.

Jones, E. E., & Gerard, H. B. (1967). *Foundations of Social Psychology*. New York, NY: Wiley.

Kahraman, B., & Knoblich G. (2000). Stechen statt sprechen: Valenz und aktivierbarkeit von stereotypen über türken. *Zeitschrift für Sozialpsychologie, 31*, 31–43. doi:10.1024//0044-3514.31.1.31

Kleinke, C. L., Meeker, F. B., & La Fong, C. (1974). Effects of gaze, touch, and use of name on evaluation of "engaged" couples. *Journal of Research in Personality, 7*, 368–373.

Kosslyn, S. M., Ganis, G., & Thompson, W. L. (2001). Neural foundations of imagery. *Nature Reviews Neuroscience, 2*, 635–643.

Krohne, H. W., & Hock, M. (2007). *Psychologische Diagnostik. Grundlagen und Anwendungsfelder.* Stuttgart: Kohlhammer.

Kuchenbrandt, D., Eyssel, F. A., & Seidel, S. K. (2011). *Imaging intergroup cooperation enhances the positive effects of imagined contact on intergroup bias.* Unpublished manuscript. Department of Psychology, University of Bielefeld.

Manstead, A. S. R., & Hewstone, M. (Eds.) (1995). *The Blackwell encyclopedia of social psychology.* Oxford: Blackwell.

Mazziotta, A., Mummendey, A., & Wright, S. C. (2011). Vicarious intergroup contact effects: Applying social-cognitive theory to intergroup contact research. *Group Processes & Intergroup Relations, 14*, 255–274. doi:10.1177/1368430210390533

McGlothlin, H., & Killen M. (2010). How social experience is related to children's intergroup attitudes. *European Journal of Social Psychology, 40*, 625–634. doi:10.1002/ejsp.733

Mehrabian, A. (1968). Relationship of attitude to seated posture orientation, and distance. *Journal of Personality and Social Psychology, 10*, 26–30.

Neumann, R., & Sebt B. (2001). The structure of prejudice: associative strength as a determination of stereotype endorsement. *European Journal of Social Psychology, 31*, 609–620. doi:10.1002/ejsp.69

Paolini, S., Hewstone, M., Cairns, E., & Voci, A. (2004). Effects of direct and indirect cross-group friendships on judgments of catholics and protestants in northern ireland: The mediating role of an anxiety-reduction mechanism. *Personality and Social Psychology Bulletin, 30*, 770–786. doi:10.1177/0146167203262848

Pettigrew, T. F. (1997). Generalized intergroup contact effects on prejudice. *Personality and Social Psychology Bulletin, 23*, 173–185. doi:10.1177/0146167297232006

Pettigrew, T. F. (1998). Intergroup contact theory. *Annual Review of Psychology, 49*, 56–85.

Pettigrew, T. F., & Meertens, R. W. (1995). Subtle and blatant prejudice in western Europe. *European Journal of Social Psychology*, 57–75.

Pettigrew, T. F., & Tropp, L. R. (2006). A meta-analytic test of intergroup contact theory. *Journal of Personality and Social Psychology, 90*, 751–783. doi:10.1037/0022-3514.90.5.751

Pettigrew, T. F., & Tropp, L. R. (2008). How does intergroup contact reduce prejudice? Meta-analytic tests of three mediators. *European Journal of Social Psychology, 38*, 922–934. doi:10.1002/ejsp.504

Pettigrew, T. F., & Tropp, L. R. (2011). *When groups meet: The dynamics of intergroup contact.* Philadelphia: Psychology Press.

Pettigrew, T. F., Tropp, L. R., Wagner, U., & Christ, O. (2011). Recent advances in intergroup contact theory. *International Journal of Intercultural Relations, 35*, 271–280. doi:10.1016/j.ijintrel.2011.03.001

Pinel, E. (2002). Stigma consciousness in intergroup contexts: The power of conviction. *Journal of Experimental Social Psychology, 38*, 178–185.

Plant, E. A. & Butz, D. A. (2006). The causes and consequences of an avoidance-focus for interracial interactions. *Personality and Social Psychology Bulletin, 32*, 833–846. doi:10.1177/0146167206287182

Schiappa, E., Gregg, P. B., & Hewes, D. E. (2005). The parasocial contact hypothesis. *Communication Monographs, 72*, 92–115. doi:10.1080/0363775052000342544

Shelton, N. J., & Richeson J. A. (2005). Intergroup contact and pluralistic ignorance. *Journal of Personality and Social Psychology, 88*, 91–107.

Sheridan, L. P. (2006). Islamophobia pre- and post-september 11th, 2001. *Journal of Interpersonal Violence, 21*, 317-336.

Sherman, R. T., & Anderson, C. A. (1987). Drecreasing premature termination from psychotherapy. *Journal of Social and Clinical Psychology, 5*, 298–312.

Stathi, S., & Crisp, R. J. (2008). Imagining intergroup contact promotes projection to outgroups. *Journal of Experimental Social Psychology, 44*, 943–957. doi:10.1016/j.jesp.2008.02.003

Stathi, S., Crisp, R. J., & Hogg, M. A. (2011). Imagining intergroup contact enables member-to-group generalization. *Group Dynamics: Theory, Research, and Practice, 15*, 275–284. doi:10.1037/a0023752

Tajfel, H., Billig, M. G., Bundy, R. P., & Flament, C. (1971). Social categorization and intergroup behaviour. *European Journal of Social Psychology, 1*, 149–178.

Tausch, N., Hewstone, M., Schmid, K., Hughes, J., & Cairns, E. (2011). Extended contact effects as a function of closeness of relationship with ingroup contacts. *Group Processes & Intergroup Relations, 14*, 239–254. doi:10.1177/1368430210390534

Tropp, L. R., & Pettigrew, T. F. (2005). Relationships between intergroup contact and prejudice among minority and majority status groups. *Psychological Science, 16*, 951–957.

Turner, R. N., & Crisp, R. J. (2010). Imagining intergroup contact reduces implicit prejudice. *British Journal of Social Psychology, 49*, 129–142. doi:10.1348/014466609X419901

Turner, R. N., Crisp, R. J., & Lambert, E. (2007). Imagining intergroup contact can Improve intergroup attitudes. *Group Processes & Intergroup Relations, 10*, 427–441. doi:10.1177/1368430207081533

Turner, R. N., & Feddes, A. R. (2011). How intergroup friendship works: A longitudinal study of friendship effects on outgroup attitudes. *European Journal of Social Psychology, 41*, 914–923. doi:10.1002/ejsp.843

Turner, R. N., Hewstone, M., & Voci, A. (2007). Reducing explicit and implicit outgroup prejudice via direct and extended contact: The mediating role of self-disclosure and intergroup anxiety. *Journal of Personality and Social Psychology, 93*, 369–388. doi:10.1037/0022-3514.93.3.369

Turner, R. N., Hewstone, M., Voci, A., & Vonofakou, C. (2008). A test of the extended intergroup contact hypothesis: The mediating role of intergroup anxiety, perceived ingroup and outgroup norms, and inclusion of the outgroup in the self. *Journal of Personality and Social Psychology, 95*, 843–860. doi:10.1037/a0011434

Turner, R. N., & West, K. (2011). Behavioural consequences of imagining intergroup contact with stigmatized outgroups. *Group Processes & Intergroup Relations*. doi:10.1177/1368430211418699

van Dick, R., Wagner, U., Pettigrew, T. F., Christ, O., Wolf, C., Petzel, T., ... Jackson, J. S. (2004). Role of perceived importance in intergroup contact. *Journal of Personality and Social Psychology, 87*, 211–227. doi:10.1037/0022-3514.87.2.211

Vittengl, J. R., & Holt, C. S. (2000). Getting acquainted: the relationship of self-disclosure and social attraction to positive affect. *Journal of Social and Personal Relationships, 17*, 53–66. doi:10.1177/0265407500171003

Voci, A., & Hewstone, M. (2003). Intergroup contact and prejudice toward immigrants in italy: The mediational role of anxiety and the moderational role of group salience. *Group Processes & Intergroup Relations, 6*, 37–54. doi:10.1177/1368430203006001011

Vorauer, J. D., & Sakamoto Y. (2006). I thought we could be friends, but… Systematic miscommunication and defensive distancing as obstacles to cross-group friendship formation. *Psychological Science, 17*, 326–331. doi:10.1111/j.1467-9280.2006.01706.x

Wagner, U., van Dick, R., Pettigrew, T.F. & Christ, O. (2003). Ethnic prejudice in East and West-Germany: The explanatory power of intergroup contact. *Group Processes and Intergroup Relations, 6*, 23-37. doi: 10.1177/1368430203006001010.

Webb, T. L., & Sheeran, P. (2006). Does changing behavioral intentions engender behavior change? A meta-analysis of the experimental evidence. *Psychological Bulletin, 132*, 249–268.

West, K., Holmes, E., & Hewstone, M. (2011). Enhancing imagined contact to reduce prejudice against people with schizophrenia. *Group Processes & Intergroup Relations, 14*, 1–22. doi:10.1177/1368430210387805

Wirtz, A., & Caspar, F. (2002). Beurteilerübereinstimmung und Beurteilerreliabilität. Göttingen: Hogrefe.

Woellert, F., Kröhnert S., Sippel L., & Klingholz R. (2009). *Ungenutzte Potentiale. Zur Lage der Integration in Deutschland.* Berlin-Institut für Bevölkerung und Entwicklung. Retrieved from http://www.berlin-institut.org/fileadmin/user_upload/Zuwanderung/Integration_RZ_online.pdf

Wolpe, J. (1958). *Psychotherapy by reciprocal inhibition* (Vol. 1958). Stanford, CA: Stanford University Press.

Wright S. C., Aron A., McLaughlin-Volpe T., & Ropp S. A. (1997). The extended contact effect: Knowledge of cross-group friendships and prejudice. *Journal of Personality and Social Psychology, 73*, 73–79.

8. Material

Anhang A: Materialien IIK

Einverständniserklärung Phase 1

EINVERSTÄNDNISERKLÄRUNG

zur Teilnahme an der Studie „Soziale Wahrnehmung und Vorstellungsvermögen"

Soeben habe ich Informationen über die Studie „Soziale Wahrnehmung und Vorstellungsvermögen" erhalten.

Meine Daten werden antworten und ausschließlich zu wissenschaftlichen Zwecken ausgewertet werden. Eine andere Verarbeitung ist nicht zulässig.

Im Anschluss an die Datenauswertung werden meine Daten gelöscht. Die Datenerhebung wird spätestens am 30. April 2012 beendet sein. Bis dahin habe ich habe das Recht, die Einverständniserklärung zu widerrufen.

Meine Teilnahme an der Studie „Soziale Wahrnehmung und Vorstellungsvermögen" ist freiwillig.

Bielefeld, den ------------------------

        (Unterschrift)

Kontaktszenarien

Nun interessieren wir uns für Dein Vorstellungsvermögen. Im Folgenden schildern wir Dir nach einander zwei Situationen. Wir bitten Dich, Dir jede der Situationen so lebendig wie möglich vorzustellen. Schließe bitte Deine Augen, während Du Dir die Situationen vorstellst.

Für jede Vorstellung hast Du 1 Minute Zeit, der Versuchsleiter wird Dir ein Zeichen geben, wenn die Zeit um ist. Im Anschluss an die beiden Vorstellungen werden wir Dir einige Fragen dazu stellen.

IIK positiv + Fremdgruppe:

1. Imagination: Stell Dir diese Szene nun 1 Minute lang so detailliert und lebendig wie möglich bei geschlossenen Augen vor:

Du nimmst an einem internationalen Studentenworkshop teil und wirst dort einer Person zugeteilt, mit der Du eine Präsentation zu einem Seminarthema bearbeiten sollst. Als die Person sich Dir vorstellt, erfährst Du, dass sie aus der Türkei stammt. Ihr beginnt euch zu unterhalten und führt ein angenehmes und interessantes Gespräch. Hierbei erfährst Du vieles über die Person. Und auch Du erzählst vieles von Dir.

Schließe nun bitte deine Augen und stelle Dir die Situation 1 Minute lang so detailliert und lebendig wie möglich vor.

2. Imagination: Stelle Dir nun bitte folgendes vor:

In Kürze beginnt ein neues Seminar an der Universität. Du wartest auf den Beginn des Seminars und stellst fest, dass bereits alle Plätze belegt sind und es keine Sitzmöglichkeiten mehr gibt. Neben Dir trifft gerade eine Studentin ein, die offenbar Türkin ist. Ihr unterhaltet euch einen Moment sehr angenehm und entschließt Euch, gemeinsam Stühle und einen Tisch aus dem Nebenraum zu holen, so dass ihr beide doch noch einen Sitzplatz bekommt.

IIK neutral + Fremdgruppe:

1. Imagination: Stell Dir diese Szene nun 1 Minute lang so detailliert und lebendig wie möglich bei geschlossenen Augen vor:

Du nimmst an einem internationalen Studentenworkshop teil und wirst dort einer Person zugeteilt, mit der Du eine Präsentation zu einer Fragestellung erarbeiten sollst. Als die Person sich Dir vorstellt, erfährst Du, dass sie aus der Türkei stammt. Ihr beginnt euch zu unterhalten, bis das Seminar beginnt. Schließe nun bitte deine Augen und stelle Dir die Situation 1 Minute lang so detailliert und lebendig wie möglich vor.

2. Imagination: Stelle Dir nun bitte folgendes vor:

In Kürze beginnt ein neues Seminar an der Universität. Du wartest auf den Beginn des Seminars und stellst fest, dass bereits alle Plätze belegt sind und es keine Sitzmöglichkeiten mehr gibt. Neben Dir trifft gerade eine Studentin ein, die offenbar Türkin ist. Ihr unterhaltet euch einen Moment.

IIK positiv + Eigengruppe:

1. Imagination: Stell Dir diese Szene nun 1 Minute lang so detailliert und lebendig wie möglich bei geschlossenen Augen vor:

Du nimmst an einem internationalen Studentenworkshop teil und wirst dort einer Person zugeteilt, mit der Du eine Präsentation zu einem Seminarthema bearbeiten sollst. Als die Person sich Dir vorstellt, erfährst Du, dass sie aus Deutschland stammt. Ihr beginnt euch zu unterhalten und führt ein angenehmes und interessantes Gespräch. Hierbei erfährst Du vieles über die Person. Und auch Du erzählst vieles von Dir. Schließe nun bitte deine Augen und stelle Dir die Situation 1 Minute lang so detailliert und lebendig wie möglich vor.

2. Imagination: Stelle Dir nun bitte folgendes vor:

In Kürze beginnt ein neues Seminar an der Universität. Du wartest auf den Beginn des Seminars und stellst fest, dass bereits alle Plätze belegt sind und es keine Sitzmöglichkeiten mehr gibt. Neben Dir trifft gerade eine Studentin ein. Ihr unterhaltet euch einen Moment sehr angenehm und entschließt Euch, gemeinsam Stühle und einen Tisch aus dem Nebenraum zu holen, so dass ihr beide doch noch einen Sitzplatz bekommt.

IIK neutral + Eigengruppe:

1. Imagination: Stell Dir diese Szene nun 1 Minute lang so detailliert und lebendig wie möglich bei geschlossenen Augen vor:

Du nimmst an einem internationalen Studentenworkshop teil und wirst dort einer Person zugeteilt, mit der Du eine Präsentation zu einer Fragestellung erarbeiten sollst. Als die Person sich Dir vorstellt, erfährst Du, dass sie aus der Deutschland stammt. Ihr beginnt euch zu unterhalten, bis das Seminar beginnt. Schließe nun bitte deine Augen und stelle Dir die Situation 1 Minute lang so detailliert und lebendig wie möglich vor.

2. Imagination: Stelle Dir nun bitte folgendes vor:

In Kürze beginnt ein neues Seminar an der Universität. Du wartest auf den Beginn des Seminars und stellst fest, dass bereits alle Plätze belegt sind und es keine Sitzmöglichkeiten mehr gibt. Neben Dir trifft gerade eine Studentin ein. Ihr unterhaltet euch einen Moment.

A1) Kontaktintentionen

Im Folgenden bitten wir Dich, noch einige Fragen zu beantworten:

Wenn Du das nächste Mal in einer Situation bist, in der Du mit einem Griechen in Kontakt treten könntest…

1. Wie wahrscheinlich ist es, dass Du ein Gespräch mit dem Griechen beginnst? (1 = *gar nicht wahrscheinlich*, bis 7 = *sehr wahrscheinlich*)
2. Wie interessiert wärst Du daran, ein Gespräch mit einem Griechen zu beginnen? (1 = *gar nicht wahrscheinlich*, bis 7 = *sehr wahrscheinlich*)

Wenn Du das nächste Mal in einer Situation bist, in der Du mit einem Japaner in Kontakt treten könntest…

1. Wie wahrscheinlich ist es, dass Du ein Gespräch mit dem Japanern beginnst? (1 = *gar nicht wahrscheinlich*, bis 7 = *sehr wahrscheinlich*)
2. Wie interessiert wärst Du daran, ein Gespräch mit einem Japaner zu beginnen? (1 = *gar nicht wahrscheinlich*, bis 7 = *sehr wahrscheinlich*)

Wenn Du das nächste Mal in einer Situation bist, in der Du mit einem Türken in Kontakt treten könntest…

1. Wie wahrscheinlich ist es, dass Du ein Gespräch mit dem Türken beginnst? (1 = *gar nicht wahrscheinlich*, bis 7 = *sehr wahrscheinlich*)
2. Wie interessiert wärst Du daran, ein Gespräch mit einem Türken zu beginnen? (1 = *gar nicht wahrscheinlich*, bis 7 = *sehr wahrscheinlich*)

Wenn Du das nächste Mal in einer Situation bist, in der Du mit einem Amerikaner in Kontakt treten könntest…

1. Wie wahrscheinlich ist es, dass Du ein Gespräch mit dem Amerikaner beginnst? (1 = *gar nicht wahrscheinlich*, bis 7 = *sehr wahrscheinlich*)
2. Wie interessiert wärst Du daran, ein Gespräch mit einem Amerikaner zu beginnen? (1 = *gar nicht wahrscheinlich*, bis 7 = *sehr wahrscheinlich*)

A2) Kontaktinteresse

1. Wie viel Zeit möchtest Du in Zukunft damit verbringen, etwas über Griechen zu lernen? (1 = *gar keine Zeit*, bis 7 = *sehr viel Zeit*)

2. Wie wichtig findest Du es, Kontakt zu Griechen zu haben? (1 = *gar nicht wichtig*, bis 7 = *sehr wichtig*)

3. Wie viel Zeit möchtest Du in Zukunft damit verbringen, etwas über Japaner zu lernen? (1 = *gar keine Zeit*, bis 7 = *sehr viel Zeit*)

4. Wie wichtig findest Du es, Kontakt zu Japaner zu haben? (1 = *gar nicht wichtig*, bis 7 = *sehr wichtig*)

5. Wie viel Zeit möchtest Du in Zukunft damit verbringen, etwas über Türken zu lernen? (1 = *gar keine Zeit*, bis 7 = *sehr viel Zeit*)

6. Wie wichtig findest Du es, Kontakt zu Türken zu haben? (1 = *gar nicht wichtig*, bis 7 = *sehr wichtig*)

7. Wie viel Zeit möchtest Du in Zukunft damit verbringen, etwas über Amerikaner zu lernen? (1 = *gar keine Zeit*, bis 7 = *sehr viel Zeit*)

8. Wie wichtig findest Du es, Kontakt zu Amerikanern zu haben? (1 = *gar nicht wichtig*, bis 7 = *sehr wichtig*)

A3) Kontakterfahrung

Im Folgenden stellen wir Dir ein paar Fragen zu Deinen sozialen Kontakten:

1. Wie viele Deiner Bekannten sind Griechen?

2. Wie viele Deiner Bekannten sind Japaner?

3. Wie viele Deiner Bekannten sind Türken?

4. Wie viele Deiner Bekannten sind Amerikaner?

5. Wie viele Deiner Freunde sind Griechen?

6. Wie viele Deiner Freunde sind Japaner?

7. Wie viele Deiner Freunde sind Türken?

8. Wie viele Deiner Freunde sind Amerikaner?

(1 = *keiner*, 2 = *1 bis 2*, 3 = *3 bis 4* und 4 = *5 und mehr*)

A4) Manipulationsscheck

Nun bitten wir Dich, noch einige Angaben zu der vorangegangenen Vorstellungsaufgabe zu machen. Inwieweit stimmst Du den folgenden Aussagen zu:

1. Die Vorstellungsaufgabe hat mir Spaß gemacht.

2. Die Vorstellungsaufgabe ist mir schwer gefallen.
3. Ich habe mir die Situation sehr lebhaft vorgestellt.
4. Es ist mir leicht gefallen, mir die Situation vorzustellen.
5. Den Kontakt zu der Person habe ich als angenehm empfunden.
6. Die Person, die ich mir vorgestellt habe, war sympathisch.
7. Den Kontakt zu der Person habe ich als freundschaftlich empfunden.
8. Den Kontakt zu der Person habe ich als kooperativ empfunden.
9. Die Situation, die ich mir vorgestellt habe, war angenehm.
10. Die Situation, die ich mir vorgestellt habe, war positiv.

Anhang B: Materialien RIK

Einverständniserklärung Phase 2

Einverständniserklärung

Teilnahme an der Studie „Soziale Roboter und Technikerfahrung"

Ich wurde heute über die Studie „Soziale Roboter und Technikerfahrung" informiert. Ich nehme freiwillig an dieser Studie teil.

Ich erkläre mich damit einverstanden, dass meine Antworten anonym und ausschließlich zu wissenschaftlichen Zwecken ausgewertet werden. Ich erkläre mich damit einverstanden, dass ich während der Teilnahme an der Studie gefilmt werde. Meine Antworten und das Videomaterial werden im Anschluss an die Datenauswertung gelöscht. Die Videoaufzeichnungen werden verschlossen aufbewahrt, sodass keine unbefugten Dritten Zugang zu den Aufzeichnungen haben.

Meine Einverständniserklärung bezieht sich lediglich auf Angaben, die ich im Rahmen der Studie „Soziale Roboter und Technikerfahrung" mache. Ich habe das Recht, die Einverständniserklärung bis zur Beendigung der Datenerhebung am 30. April 2012 zu widerrufen.

Bielefeld, den ....
(Unterschrift)

Einverständniserklärung nach Aufklärung der Vpn

Einverständniserklärung

Teilnahme an der Studie „Imaginierter Intergruppenkontakt"

Videoaufzeichnung + Nutzung zur Auswertung

Ich bin über den Sinn und Zweck der beiden Teilstudien "Soziale Wahrnehmung und Vorstellungsvermögen " und „Soziale Roboter und Technikerfahrung." aufgeklärt. Im Verlauf dieser Studie habe ich mit einer anderen Versuchsperson ein Gespräch geführt. Dieses Gespräch wurde per Video aufgezeichnet.

Ich erkläre mich damit einverstanden, dass die Aufzeichnung im Rahmen des Forschungsprojektes anonym und ausschließlich zu wissenschaftlichen Zwecken ausgewertet werden darf. Die Aufzeichnungen und Daten werden im Anschluss an die Datenauswertung gelöscht.

Meine Einverständniserklärung bezieht sich lediglich auf Angaben, die ich im Rahmen der beiden Teilstudien gemacht habe. Ich habe das Recht, diese Einverständniserklärung bis zur Beendigung der Datenerhebung am 30. April 2012 zu widerrufen und die Löschung meiner Daten zu verlangen.

Bielefeld, den ....
                                              (Unterschrift)

Fragenliste:

1. Hast Du schon einmal von Sozialen Robotern gehört?
2. Glaubst Du, dass es schon Roboter gibt, mit denen man ein Gespräch führen kann?
3. Welche technischen Geräte nutzt Du im Alltag? Nenne höchstens 6.
4. Warst Du schon einmal richtig wütend auf deinen Computer?
5. Hast du schon einmal ein Tamagochi besessen, um das Du Dich gekümmert hast?
6. Würdest Du einen Roboter als Pilot in einem Flugzeug einsetzen, in dem Du Passagier bist?
7. Stell Dir vor, ein Roboter führt einen Gesundheitscheck bei Dir durch. Glaubst Du, er würde Dir eine zuverlässige Diagnose stellen?
8. Würdest Du Dein Haus von einem Roboter bewachen lassen?
9. Surfst Du regelmäßig im Internet?
10. Hast Du eine eigene Internetseite oder einen Blog?
11. Bist Du schon einmal angetrunken Auto gefahren?
12. Wie war Dein schlimmstes Benehmen, als Du betrunken warst?

13. Welches Ereignis war im letzten Jahr besonders schlimm für Dich?
14. Bist Du zurzeit verliebt?
15. Welche pornografischen Seiten sind dir im Internet bekannt?
16. Hast Du nicht jugendfreie Videos auf Deinem Handy?
17. In wen warst Du schon einmal unglücklich verliebt?
18. Hast Du manchmal Selbstzweifel?
19. Hast Du in einem Geschäft schon einmal etwas mitgehen lassen/geklaut?
20. Hast Du schon einmal versucht, den Email-Account Deines/r Feundes/in (oder Ex) zu knacken?
21. Hast Du Dir im Internet schon einmal pornografische Bilder angesehen?
22. Hast Du schon einmal das Handy Deines/r Freundes/in (oder Ex) durchsucht?
23. Hast Du schon einmal auf pornografischen Internetseiten gesurft?
24. Wie läuft Deine jetzige Beziehung bzw. wie lief Deine letzte Beziehung?
25. Hast Du schon einmal Deinen Freund/in (oder Exfreund/in) betrogen?

B1) Subjektive Kontaktqualität seitens der Vpn & seitens der Konföderierten

1. Wie hast Du den Kontakt zu Deinem Experimentalpartner empfunden?

   (1 = *sehr negativ*, bis 7 = *sehr positiv*)

2. Wie sympathisch hast Du die andere Versuchsperson empfunden?

   (1 = *überhaupt nicht sympathisch*, bis 7 = *sehr sympathisch*)

3. Wie häufig hat die andere Versuchsperson Augenkontakt zu Dir gesucht?

   (1 = *überhaupt nicht häufig*, bis 7 = *sehr häufig*)

4. Wie zugewandt war die andere Versuchsperson dir gegenüber?

   (1 = *überhaupt nicht zugewandt*, bis 7 = *sehr zugewandt*)

5. Wie angenehm war der Kontakt zu der anderen Versuchsperson?

   (1 = *überhaupt nicht angenehm*, bis 7 = *sehr angenehm*)

6. Wie wohl hast Du Dich in der Interaktion gefühlt?

   (1 = *überhaupt nicht wohl*, bis 7 = *sehr wohl*)

7. Wie kooperativ war die andere Versuchsperson?

   (1 = *überhaupt nicht kooperativ*, bis 7 = *sehr kooperativ*)

8. Wie offen war die andere Vpn dir gegenüber?

   (1 = *überhaupt nicht offen*, bis 7 = *sehr offen*)

B2) Beurteilung der Konföderierten und der Vpn

Wie gut treffen folgende Eigenschaften auf die andere Versuchsperson zu?

1. angenehm

2. freundlich

3. freundschaftlich

4. kooperativ

5. negativ

6. vertrauenswürdig

7. natürlich

8. offen

   (1 = *überhaupt nicht gut*, bis 7 = *sehr gut*)

B3) Qualität des RIK – Rater

Bitte beurteilen Sie die Interaktion zwischen den beiden Personen. Wie gut beschreiben die folgenden Begriffe die Interaktion?

1. angenehm

2. freundlich

3. freundschaftlich

4. kooperativ

5. negativ

6. schwierig

7. natürlich

8. offen

   (1 = *überhaupt nicht gut*, bis 7 = *sehr gut*)